Grals-Geheimnisse

zur inneren Belebung und Stärkung in herausfordernder Zeit

Herausgeber: Perceval-Institut

Verlag: BoD · Books on Demand GmbH, In de Tarpen 42, 22848 Norderstedt, bod@bod.de
Druck: Libri Plureos GmbH, Friedensallee 273, 22763 Hamburg
ISBN: 978-3-7519-5148-7

Gewidmet allen Wesen,
die sich im Gral
miteinander verbunden fühlen

Grals-Geheimnisse

Inhaltsverzeichnis

Einleitung

In den folgenden Kapiteln wird ein recht breites Spektrum an Gedankeninhalten angeführt, die aus einem spirituellen Weltbild heraus entstanden sind. Dabei wird untergründig immer wieder ein Bezug gefunden zu den Mysterien des heiligen Gral.

Diese durchziehen seit Jahrhunderten das europäische Geistesleben, obwohl sie in der äußeren Welt wenig sichtbar geworden sind. Nur in manchen Sagen und Erzählungen, wie auch in der Musik, wurde in früheren Zeiten darauf hingewiesen.

Heute wird der Begriff Gral kaum mehr verstanden, da selbst in manchen Sport-Ereignissen dieses Wort entfremdet wird, weil man damit etwas Großartiges, Sieghaftes, quasi einen begehrten Gewinn, wie zum Beispiel einen Pokal, damit verbindet. Doch was ist der Gral?

„Das sagt sich nicht" - so lautet zumeist die Antwort in den Grals-Geschichten auf diese Frage. Somit gibt es auch keine genaue Definition oder Erklärung dafür.

Doch können wir uns auf den Weg, auf die Suche zu ihm aufmachen. Da können wir auf dem langen Weg zum Gral zuweilen gewisse Stationen, Kreuzungen, Prüfungen und Erhellungen finden und erfahren, die uns ihm allmählich näher und näher bringen und uns damit immer wieder neue Erkenntnisse zuteil werden lassen.

Doch beginnen will ich hier zunächst mit einer kurzen Bestandsaufnahme über unsere gegenwärtige Zeit und Zivilisation, in der eben so gut wie nichts mehr von einem Grals-Geschehen zutage tritt. Und doch lassen sich auch heute noch Mittel und Wege finden, die etwas Licht in das große und verborgene Thema des heiligen Gral bringen können.

Wir Menschen der westlichen Zivilisation leben heutzutage zumeist in einem immensen Wohlstand, den wir schätzen und dafür auch dankbar sein sollten und den wir größtenteils in einem immer „Weiter so" auch gerne bewahren oder sogar noch ausbauen wollen. Spricht man aber die Schattenseiten dieser ach so modernen, bequemen und eitlen Welt an, wird man ziemlich schnell zu einem „Spielverderber" abgestempelt, so wie dies den Umweltbewegungen und Naturschützern immer wieder geschieht. Und wenn man gar noch die spirituellen Hintergründe unserer gegenwärtigen Miseren und Herausforderungen hinzunimmt, so kann man sich als Mahner doch recht leicht wie ein Rufer in der Wüste vorkommen, der in seiner Ausgrenzung und Einsamkeit ziemlich leidet, weil die Mehrzahl der Menschen viel lieber im Genuss und in persönlichen Vorteilen verharren wollen.

„Ja, bleib nur in deiner „Wüste", in deiner Selbstbeschränkung, wir leben lieber im Wohlstand, mit individueller Freiheit, in Sicherheit und Demokratie" - so hört man dies im Mainstream heutiger Zeit. Doch wie lange noch und zu welchem Preis?

Nun, wenn man sich hier in unserem Lande so umschaut und sieht, was die meisten Menschen alles besitzen: dicke Autos, Luxus, noble Häuser und Kleider ohne Zahl, so könnte man ja denken: wo soll denn hier eine Wüste sein? Diese Pessimisten und Miesmacher wollen doch nur unsere Laune verderben. Wenn auch die Welt mit Kriegen und Krankheiten unser aller Verhalten und unsere Einstellungen prüft, den Spaß am Leben, die „große Party" lassen wir uns nicht vermiesen.

Gut, es wird viel weggeschmissen, die Müllberge wachsen, selbst viele Nahrungsmittel landen in der Tonne oder werden im Tank verheizt. Auch wachsen weltweit gesehen die Wüsten, Wälder brennen, Landschaften veröden und dies dank unserer Gier und Ausbeutung, denn die Erderwärmung, der Klimawandel, die vielen Kriege und der „Run" nach noch immer mehr Geld schädigen unsere Erde so stark, dass verbrannte und verschmutzte Gegenden zurückbleiben, dafür aber immer neue und größere Betonwüsten entstehen.

Doch das verdrängt der heutige Zeitgenosse noch allzu gerne – lieber fliegt und reist man weiter an all die schönen Orte unserer Welt – bis auch dort irgendwann nur noch ein Kampf um den schnöden Mammon und eine verschmutzte Umwelt übrigbleibt. Zumindest gilt dies für die Einheimischen in solchen Gebieten, die zuvor ein ruhiges und bescheidenes Leben führen konnten.

Ja aber, da entstehen doch Arbeitsplätze und damit Wohlstand – nur für wen? Die großen Konzerne sahnen ab, die kleinen Leute müssen für niedrige Löhne schuften und die Urlauber freuen sich über ein paar Tage der Abwechslung, der Unterhaltung und Muse, manchmal auch der Völlerei, denn es muss einem ja etwas geboten werden, sonst kann man ja gleich Zuhause vor dem Fernseher hocken bleiben, wo ja auch rund um die Uhr Zerstreuung und Kurzweil angesagt ist.

Gut, der Leib und die Seelen vieler Menschen haben in

diesem „modernen" Leben ihren Spaß und eine Fülle von neuen Erfahrungen, die frühere Generationen so nicht hatten. Aber was ist mit dem Geist? Sind wir durch ein Leben im materiellen Überfluss geistig gewachsen oder womöglich gar verarmt? Warum haben so viele Menschen eine panische Angst vor dem Sterben, so wie dies während der Corona-Zeit sichtbar wurde?

Für ein geistiges Wesen, das der Mensch im Grunde genommen ist, der sich also schon zu Lebzeiten bemüht, in einen Kontakt mit der geistigen Welt zu kommen, hat der Tod seine Schrecken verloren. Gewiss, das Sterben mag auch hier nicht einfach sein, aber die Aussicht auf ein leibfreies Leben in übersinnlichen Welten, lässt den Tod nicht fürchten.

Im Geist ist Reichtum, ist Fülle, ist Trost und ist Segen. Das können wir aber erst erfahren, wenn wir uns diesem zuwenden wollen. Doch gerade an diesem Geist mangelt es heute an vielen Orten. Und so ist, gesellschaftlich gesehen, eine geistige Wüste entstanden, wodurch die ungeistigen, die finsteren Kräfte es immer leichter haben, geistschwache Menschen zu korrumpieren und sie in ihre Gewalt zu bringen. Daher haben die sogenannten Widersachermächte Hochkonjunktur.

Zuerst entstehen geistige Wüsten, es mangelt an göttlichem Geist. Daraus entstehen mit der Zeit seelische Wüsten; Depressionen, seelische Leere, niedere Seelenkräfte und Verrohungen nehmen zu und schließlich folgen die leiblich-irdischen Wüsten, zum Beispiel in Krankheiten, im Artensterben, in Umweltzerstörungen oder durch den Klimawandel.

Damit ist ausgesagt, dass es nicht genügt, nur mit

äußerlichen Maßnahmen eine Änderung oder Lösungen unserer zivilisatorischen Probleme herbeiführen zu wollen, denn der eigentliche Grund unserer heutigen Misere ist im Geistigen beziehungsweise in einem Mangel an geistigen Werten und Kräften zu finden.

Über dieses Geistige, das uns seelisch und dann auch physisch weiterhelfen kann, soll in den folgenden Kapiteln berichtet werden. Für diesen Geist gibt es eine Quelle, eben den heiligen Gral, dem wir uns langsam und behutsam nähern wollen.

Doch für den reinen und hohen Geist bedeutet das menschliche Leben auf der Erde selbst eine Art Wüstendasein. Ja, da wird die Seele geprüft, ob sie auch in sich so stark werden kann, dass sie den lebendigen Geist nicht vergisst. Denn die Welt, früher nannte man sie die „Dame Welt", darf den Menschen prüfen, verführen und verlocken, so wie dies dem Doktor Faust geschehen ist.

Das Drama des Faust endet jedoch mit einer Verheißung, nämlich mit dem Ausspruch: Das Ewig-Weibliche zieht und hinan. Da haben wir den Gegenpol zur „Dame Welt", die uns immer tiefer hinabziehen will.

In diesem Sinne muss sich die Menschheit entscheiden, ob sie weiter nur den irdischen Gelüsten frönen will - oder ob sie wieder ihrem eigentlichen Ursprung, den geistigen Welten mit ihren vielen Wesen und Herrlichkeiten entgegenstreben will. Die Zukunft wird es zeigen. Doch in den nächsten Jahren werden dafür die Weichen gestellt. Wir leben in einer Entscheidungszeit. Entweder schließen wir uns den guten, fortschreitenden Mächten an oder wir gehören zu denen, die zu überwinden sind.

Vom Walten des Geistes in heutiger Zeit

Geist ist Licht, ist Liebe und ist Leben, das keinen Tod mehr kennt. Christus brachte diesen göttlichen Geist in seinen drei Jahren im Leben des Jesus von Nazareth in die Menschheit hinein. Doch wie schwer hat er es in unserer Zeit, die wenig Interesse zeigt an einem geistvollen Leben. Eher genießt man sich selbst in einem leiblichen und seelischen Überschwang.

Die Kirchen werden ja auch immer leerer, mit zum Teil recht nachvollziehbaren Gründen. Sie können in diesem Abwärts-Trend den gewaltigen Einflüssen eines materialistischen Zeitgeistes nicht viel entgegensetzen. Dazu bräuchte es eher eine spirituelle, eine geistige Wissenschaft, die sich entsprechende Erkenntnisse und Erfahrungen von und mit einer geistigen Welt erarbeiten kann, so wie dies vor allem von Rudolf Steiner inauguriert wurde.

Durch einen gesellschaftlichen Mangel an lebendigem Geist kann es sogar geschehen, dass die Menschenrechte, das, was sich die Menschheit im Geiste des Christus über Jahrhunderte erarbeitet hat, weltweit zunehmend angegriffen werden, damit aber auch das Menschheitliche, den Geist des Humanismus, zum Beispiel im Transhumanismus oder mithilfe der künstlichen Intelligenz, die zukünftig sogar an die Stelle des Menschen, seiner Eigenentscheidung treten kann. Das ist eine große Gefahr.

Der Christus-Wesenheit haben wir unsere menschliche Freiheit zu verdanken. Christus ist der Garant unserer

Freiheit, denn er nimmt uns so an, wie wir eben geworden sind. Er will uns beschenken mit seinem Geist der Versöhnung und des Friedens. Nur müssen wir uns dafür von den niederen Kräften der Rache, der Gier, des Neides, der Eitelkeit und des Hasses befreien können. Diese Kräfte lassen aber nicht so leicht los. Ohne geistige Hilfen schaffen wir das nicht.

Diese Hilfen aus einem lebendigen Geist heraus, sie sind da, sie kosten auch nichts, denn immer können wir uns dem Gebet, der Meditation, dem natürlichen Jahreslauf und den spirituellen Jahresfesten oder auch den heiligen Sakramenten, die unser irdisches Leben begleiten können, widmen und so unser geistiges Innenleben stärken. Denn darin finden sich geistige „Oasen" und wunderbare Mittel zur inneren Kräftigung und Erbauung und dies innerhalb einer veräußerlichten Welt der Zerstreuungen, der seelischen Abhängigkeiten und der sogenannten Sachzwänge, die uns an das allzu Irdische fesseln wollen.

Schaffen wir Freiräume in der Seele, in denen der lebendige Geist einwirken kann, nicht nur Sonntags beim Kirchgang, in dem wir uns dem göttlichen Geist hingeben lernen, so erhalten wir diejenigen Kräfte, die wir brauchen, um auch unser irdisches und seelisches Leben in eine Balance und Ordnung bringen zu können.

Die Kräfte des Geistes sind mannigfach: Liebe, Schönheit, Harmonie, Weisheit, Wahrhaftigkeit, Güte, Kraft, Gesundheit, Herrlichkeit, Gnade, Segen und, und, und ...

Diese können und brauchen wir nicht zu kaufen, denn sie sind als ein geistig-schöpferisches Potential in uns selbst vorhanden, weil wir auch in uns, in unserem inneren Tempel des Geistes, diese Kräfte vorfinden können. Um jedoch dahin zu gelangen, muss viel seelischer Müll weggeräumt werden. Und so ist das Leben immer auch ein innerer Kampf zwischen den Geisteskräften und den Schattenkräften des Seelischen, die sich im sogenannten Doppelgänger des Menschen äußern. Dieser trägt alle vergangenen Sünden, Fehler, Verbrechen und Unvollkommenheiten, auch aus früheren Leben in sich. Und er zeigt sie uns immer wieder, auch in Krankheiten, Unfällen und seelischen Einseitigkeiten und Gebrechen, bis wir diese erkannt und durch ein höheres, edleres und geistgemäßeres Seelenleben wandeln, ersetzen und erlösen können.

Die höheren Seelenkräfte kommen aus dem Geist. Damit erhöhen, wandeln und veredeln wir alles Niedere – und dies im Einzelleben, wie auch im Schicksal eines Kollektivs. Somit hat hier jeder Einzelne auch eine Mitverantwortung für das Ganze, denn es heißt ja auch: „Wenn die Rose selbst sich schmückt, dann schmückt sie auch den Garten".

Werden wir selbst zu einer „blühenden Rose", die aus den Dornen des Lebens erwächst, so verströmen wir unseren „Duft" auch in die Wirren und Wüsten der Zeit. Dies ist der Ruf, der von heutigen Rufern in und aus den „Wüsten" getätigt wird. Damit dieser Ruf nicht verhallen mag, sondern viele Herzen ansprechen darf, um die innerseelischen „Wüsten" begrünen und mit neuem Leben durchtränken zu können, dazu wünsche ich uns allen Gottes Segen und Kraft.

Hin zu einem neuen Geist

In manchen buddhistischen Kreisen wird des öfteren davon gesprochen, dass durch ein Mitleiden mit anderen Wesen das Leid als Ganzes nur noch erhöht wird. Deshalb sollte man eher ein Mitgefühl mit allen Wesen üben.

Doch bei genauerer Betrachtung zeigt sich, dass ein Mitfühlen eben eine Mitfreude auf der einen Seite und ein Mitleiden auf der anderen Seite beinhaltet. Das Mitgefühl, wenn es wahrhaftig sein soll, muss eben die ganze Bandbreite der Gefühle beinhalten, also auch die leidvollen, wie den Schmerz, die Trauer, gewisse Ängste und dergleichen mehr.

Ein Mitgefühl schulen wir, wenn wir uns ganz in die Mitmenschen, in ihre Seelenstimmungen einfühlen können. Dazu muss man sich von eigenen subjektiven Empfindungen, von Antipathien und Sympathien loslösen, um ganz in das Wesen des Anderen hineinschlüpfen und hineinfühlen zu können.

Bleibe ich dagegen nur bei mir, werde ich den Anderen in seinem Schmerz nur bedauern können. Dann bleibe ich aber außerhalb von ihm. Ein Bedauern ist daher keine wirkliche Hilfe für diesen. Tauche ich dagegen ein in sein Leid, so helfe ich ihm, weil ich seine Leiden mitfühle und er sich dadurch von mir verstanden fühlt.

Eine therapeutische Maßnahme wird nur gelingen können, wenn ein wirkliches Verständnis, ein wirkliches Einfühlen für die Leiden des Anderen erworben wird. In biblischer Ausdrucksweise steht dafür der Satz:

„Einer trage des Anderen Last".

Ja, das kann so weit gehen, dass wir im Mitfühlen beziehungsweise im Mitleiden etwas aufnehmen von dessen Last, mit der wir dann auch selbst beladen sind. „Geteiltes Leid ist halbes Leid".

Somit helfe ich meinem Nächsten, in dem ich etwas von seinem Schmerz, von seiner Krankheit und seinem Unvermögen auf mich nehme – aber bitte nur so viel, wie ich selbst tragen und verwandeln kann. Diese Haltung geht in einem spirituell-christlichen Sinne so weit, dass ein Heiler sogar ein Karma des Hilfesuchenden auf sich nehmen kann, wenn dieser damit selber nicht mehr fertig wird.

Das Wort „Therapieren" bedeutet im Griechischen so viel wie begleiten und pflegen. Als ein echter Therapeut dürfen wir die Kranken und Schwachen begleiten, mit ihnen mitfühlen, sie ganz annehmen und schließlich die Gebrechen auch verwandeln und heilen lernen.

Um sich diese Fähigkeit des Wandelns und Heilens aneignen zu können, braucht es ein Mitwirken von etwas Höherem, das wir zunächst in unserem Gewissen finden. Wenn wir immer besser lernen, auf unser Gewissen zu hören und zu achten, in dem wir uns mit unserem Alltags-Ich ganz zurücknehmen, entsteht zunächst ein seelisch leerer Raum, in den sich das Gewissen und mit andauernder Übung höhere geistige Wesen einleben können. Und dies vor allem, wenn wir bestrebt sind, unser Seelenleben zur Wahrheit hin auszurichten.

Eine Wahrhaftigkeit, ein Mitfühlen und Mitleiden und ein Horchen auf die Stimme des Gewissens in uns, erschafft allmählich den „Boden", den inneren Raum, in dem sich der heilige Geist offenbaren kann. Und dies für jeden individuell ganz verschieden.

Im biblischen Pfingstgeschehen wird dieser Geist als ein brausender Wind und als eine Feuerflamme des Lichts beschrieben, das uns über-schwebt. Im eigenen Seelenleben kann dieses Geschehen wie eine Art Neugeburt erfahren werden; da ersteht etwas Neues, etwas, das sich ganz mit mir verbunden hat, das ich so erlebe, dass ich dieses Neue erst wirklich in meinem tiefsten Wesen selber bin. Ich erkenne mich ganz neu, als Mensch, als ein Wesen, das nicht mehr getrennt ist von der Welt, denn dieses Neue, dieses mein innerstes Ich, ist verbunden mit allen geistigen Wesen, weil der heilige Geist alles Sein durch-dringt und uns Menschen allmählich zu einem freien und liebe-vollen inneren Sein hinführen will.

„Komm heiliger Geist. In Deiner Gnade werde ich geführt und belebt. Du bist in mir – und ich bin in Dir. Ich klopfe an Deine Tür. Wirst Du sie öffnen?"

Das Gewissen ist die eine Tür zum Geist, worin er sich aussprechen kann; das Mitgefühl öffnet die eigene Seele für die größere Welt und das Wahrheitsstreben führt zum Geist der Wahrheit, mit dem wir uns verbinden wollen.

Christus, die göttliche Liebe selbst, ist der Türöffner, wenn unser Streben, Suchen, Bitten und Anklopfen in, mit und aus seiner Liebe geschieht. Dann ereignet sich in uns selbst die heilige Hochzeit von Christus und dem heiligen Geist, den wir in unserer spirituellen Ausrichtung auch als die göttliche Weisheit, als die Sophia bezeichnen können. Die heilige Hochzeit von Christus und Sophia, von göttlicher Liebe und Weisheit im

Menschen, in seiner Seele und in seinem Ich, das ist der Kern des Pfingstgeschehens, das sich in jeder Seele offenbaren und ereignen will.

Wenn das menschliche Ich im Herzen eine Schale bildet, kann der Geist von „Oben" als eine feurige Liebesflamme darin aufgenommen werden. Das menschliche Ich als eine innere „Grals-Schale", in Freiheit und Eigenverantwortung in sich selbst erschaffen und gegründet, empfängt den heiligen, den lebendigen Geist.

Dies ist zunächst einer von zahlreichen Grundgedanken zum großen Thema des Gral in dieser Schrift, die in den folgenden Kapiteln noch vertieft werden sollen.

Das Wort Gral ist wahrscheinlich aus dem lateinischen „Gradalis" hervorgegangen und meint einen Stufenkelch, ein Gefäß, das verschiedene Ebenen enthält. Somit kann der Gral dann auch als etwas verstanden werden, das nur grad- oder stufenweise erreicht werden kann. Damit ist letztlich ein Stufenweg verbunden, den wir in den folgenden Kapiteln immer weiter und dann auch höher und tiefer beschreiten wollen, ohne aber an ein letztes Ende heranreichen zu können. Wenn es so ein Ende überhaupt gibt? Hat der Weltgeist ein Ende, ist das Göttliche irgendwo und irgendwie begrenzt?

Gedanken darüber übersteigen unser Fassungsvermögen sowieso und so sollten wir uns mit und in den einzelnen Etappen und Stufen auf dem langen Weg zum Gral damit begnügen, dass wir auf jeder Stufe, bei jedem nächsten Schritt immer wieder neuen Herausforderungen, Prüfungen und Möglichkeiten entgegengehen, die uns in unserem inneren Wesen, in unserem Menschsein stärken und reifen lassen.

Das Mysterium Magnum –
das große Geheimnis wird offenbar

Vom Mysterium Magnum, vom großen Geheimnis, wurde im ausgehenden Mittelalter, vor allem in der Alchemie gesprochen. Da ging es in den Begriffen Sal, Mercurius und Sulphur vor allem darum, die Polaritäten, den Dualismus der Gegensätze erhöhen und erlösen zu können. Heute kann man sagen, dass dieses Mysterium ein offenbares Geheimnis ist, weil es durch ein logisch-vernünftiges Denken entschlüsselt werden kann. Dieses Mysterium oder Geheimnis besagt, dass die Eins in der Drei und die Drei in der Eins immanent enthalten ist. Um dies zu verstehen, muss man auf eine qualitative Zahlenlehre zurückgreifen.

Aus einer ursprünglichen Einheit, die wir sinnlich nicht wahrnehmen, nur denken können, entsteht durch Teilung die Vielheit der Erscheinungen, so wie wir diese in der Welt wahrnehmen können. Die Einheit bedeutet eine Ganzheit, ein Sein, worin alle Vielheiten, zumindest als eine Potenz enthalten sind. Doch diese Einheit hat keine Konturen, keine Form, sie ist reine Substanz, reines „Chaos", ohne feste Begriffe und Formen. Diese entstehen erst in der Vereinzelung.

Die Zwei beziehungsweise ein Teil entsteht durch Bruch oder Teilung des Ganzen. Nehme ich zum Beispiel einen Stock und breche ihn entzwei, so habe ich zwei Teile des Ganzen, wie entsprechend auch in der Bibel in der Schöpfungs-Geschichte vom Geist, der über dem Wasser schwebt, gesprochen wird.

Würde dieser Teilungsprozess aber immer weitergehen, so führte dies zu einer endlosen Zerstückelung. Immer kleinere Teile würden entstehen, so wie die Naturwissenschaften immer noch kleinere „Teile" auffinden wollen. Jedoch verliert man so auch immer mehr den Zusammenhang mit der Einheit, mit dem Ganzen, aus dem die Einzelteile ursprünglich ja hervorgegangen sind.

Die Weisheit, die dem Schöpfungsgeschehen zugrunde liegt, hat zu diesen Teilungsprozessen noch eine weitere Möglichkeit hinzugefügt, nämlich die der Zeugung, wo dann zwei Pole ein Drittes und Neues erzeugen. Dieser Prozess geschieht in der Vereinigung von Mann und Frau in einem Kind, wie auch in der Begegnung von Licht und Finsternis in der Dämmerung oder im Regenbogen. Philosophisch kann dies ausgedrückt werden in der Polarität von These und Antithese, deren Erweiterung und Überhöhung eine Synthese ergibt.

Goethe sprach hier von der Polarität und Steigerung, Schiller prägte für diese Dreiheit im Menschen die Begriffe: Stoff-Trieb und Vernunft-Trieb als Polaritäten, die im und durch den Spieltrieb ausgeglichen und erhöht werden können. Es entsteht eine Dreiheit, so wie diese Rudolf Steiner für den Menschen im Stoffwechsel-Gliedmaßen-System, im Nerven-Sinnes-System und im Herz-Kreislauf-System ausgedrückt hat. Dazu gäbe es noch einige Beispiele mehr anzuführen.

Zu beachten dabei ist vor allem, dass dieses mittlere Glied, also der Mercurius beziehungsweise das Kindprinzip eine Art Neuschöpfung darstellt, das quasi eine Mitte und damit ein Verbindendes, Ausgleichendes und Vereinigendes darstellen und bewirken kann, so dass man sagen kann, in der Dreiheit ist die ursprüngliche Einheit, die in der Zweiheit noch gespalten ist, wieder zu erringen. Diese Einheit ist in der Polarität, in einem Dualismus nicht mehr sichtbar. Erst in einem und durch ein mittleres Prinzip kann sie wieder gefunden werden, aber auch nur dann, wenn sich die Polarität zu einem Umfassenden und Überschauenden steigern kann.

In der Dreiheit kann sich die Einheit wieder offenbaren, eben zum Beispiel im Kindlichen, im Spielenden, in der Synthese, im Regenbogen, wenn also die Dualität erweitert und überwunden wird. Heute leben wir ja in einer Zeit, in der entgegengesetzte Meinungen und Standpunkte aufeinanderprallen, dies vor allem auch, weil im dritten Jahrtausend das Prinzip der Dreiheit viel stärker ergriffen werden muss. Noch streiten Friedensbewegte gegen Kriegsbefürworter. Hier eine Synthese zu finden, ist eine echte Kunst, was eine heutige Lernaufgabe ist.

Dazu müssen zunächst diese drei einzelnen Glieder verstanden werden. Am Beispiel des gesellschaftlichen Lebens, das heute einer dringlichen Gesundung und Erweiterung bedarf, möchte ich dies im Folgenden etwas näher erläutern.

Der Mensch hat ja unterschiedliche Bedürfnisse, die er in einen Einklang bringen sollte, wenn er denn ein harmonisches und ausgeglichenes Leben führen will und dies in sich selbst wie auch innerhalb seiner Mit- und Umwelt.

Erstens hat er leibliche und materielle Bedürfnisse, da ist er ein Naturwesen. Zweitens hat er seelische und zwischenmenschliche Bedürfnisse, da ist er ein soziales Wesen. Und Drittens hat er geistige Bedürfnisse, die sich in der Kunst, Religion, Wissenschaft, Bildung, also in der Kultur äußern. Darin ist er ein geistiges Wesen. Diese drei Bedürfnisse spiegeln sich dann auch im Gesellschafts- und Staatsleben, also in einem sozialen Organismus, nämlich im Kultur- und Geistesleben, wie auch im Politischen, also im Rechtsleben und zwar in den Vereinbarungen, Regeln und Gesetzen, die sich die Bürger selber geben in den sozialen Errungenschaften und Institutionen und schließlich im wirtschaftlichen Leben, das die materiellen Bedürfnisse der Menschen befriedigen soll. Zusammen bilden diese drei Bereiche den sozialen Organismus einer Gesellschaft.

Dabei ist zu beachten, das das mittlere Glied, das Rechtsleben sich erst in neuerer Zeit aus der Dualität von „Herrscher und Beherrschten" heraus-entwickeln konnte, da die Bürgerrechte und die Demokratie erst entstehen konnten, als die Bürger zu einem ichhaften und souveränen Bewusstsein ihres eigenen Wesens, also zu einer staatsbürgerlichen Mündigkeit erwacht sind. Dieses mittlere Prinzip der politischen Mündigkeit war in früheren Zeit noch in theokratischer oder monarchischer Hand.

Damit diese drei Glieder im sozialen Organismus richtig etabliert werden und darin aufgehen können, muss dann auch das Umfassende, das Höhere und Durchdringende für diese Bereiche akzeptiert werden, eben als eine Ganzheit, zu der die einzelnen Glieder hinführen sollen. Entsprechend findet sich dies im Menschen, der das Ganze repräsentiert, in seiner Dreigliederung nach Körper, Seele und Geist. Erst in der Ganzheit sind wir wahrer Mensch. Erst im sozialen Organismus ist die

Einheit zugegen. Jedoch, der soziale Organismus ist sinnlich nicht wahrnehmbar, nur in den Auswirkungen, ob zum Beispiel eine Gesellschaft gesund oder krank ist, kann das Ganze wahrgenommen werden. Heute ist sie zunehmend krank. Eine Ursache davon liegt vor allem darin, dass wir den Blick für das Ganze, für das Einheitliche verloren haben. Zu sehr sind wir in parteiischen Spaltungen und Gegensätzen gefangen. Viel zu stark tun sich einzelne Bereiche hervor und wollen das Ganze dominieren, wie heute vor allem das Wirtschaftsleben, zum Beispiel durch die Großkonzerne, durch Banken und durch die Finanz-Industrie.

Doch sollen wir diese drei Bereiche des gesellschaftlichen Lebens wie Glieder betrachten, die dem Ganzen, also dem sozialen Organismus dienen, ähnlich wie die einzelnen Finger der Hand. Die Finger und die Hand arbeiten ja nicht für sich selbst, sondern für den Menschen, der damit frei gestalten kann.

In gesunder Weise muss dann jeder Bereich im gesellschaftlichen Leben selbstständig sein, entsprechend wie die einzelnen Finger. Folglich muss sich die Wirtschaft, der Staat und die Kultur selbst verwalten können, dabei aber einem Höheren, dem Ganzen, dem sozialen Organismus dienen und nicht mehr nur in erster Linie sich selbst.

Die Kultur und damit die Religion, Wissenschaft und Kunst, wie auch die Bildungs-Institutionen, sie sollen in Freiheit den Weg verfolgen, der sie zum Guten, Wahren und Schönen hinführen kann. Eine Tugendpflege, eine Kreativität und gesunde Moral darf daher schon in der Erziehung und Schule gepflegt werden. Die Religion sollte zum Guten und die Kunst zur Schönheit streben, dann können sie wieder zu einer gesunden Kultur hinführen.

Das Rechtsleben soll dem Prinzip der Gleichheit folgen, so dass jeder Einzelne die gleichen Rechte und individuellen Möglichkeiten in der Gesellschaft erhält, denn dann wird die Würde des Menschen erst richtig ernst genommen.

Und im Wirtschaftsleben soll eine Brüderlichkeit beziehungsweise eine Geschwisterlichkeit einkehren, da unser heutiges Konkurrenz- und Wettbewerbsdenken darin, in letzter Konsequenz nur auf Kosten der Umwelt und der Ausbeutung der Arbeitenden erreicht werden kann.

Diese sogenannte Dreigliederung des sozialen Organismus ist das Heilmittel für unsere kränkelnde Gesellschaft, bei der die drei Ideale und Tugenden der Freiheit, Gleichheit und Brüderlichkeit erst noch ihren rechten Ort finden müssen. Leider werden sie heute in verkehrter Weise angewandt.

Die Freiheit im Wirtschaftsleben (Neoliberalismus) führt nur dazu, dass sich die Reichen, Mächtigen und Skrupellosen durchsetzen. Und wenn der sogenannte Einheitsstaat, wenn die Politik die Kultur, die Bildung und die Wirtschaft regeln will, überschreitet er seine Kompeenzen und führt mit der Zeit ins Autoritäre hinein. Aber auch die Religion oder die Wissenschaft soll sich nicht über die anderen Bereiche stellen wollen.

Wenn man einen gesunden sozialen Organismus erhalten will, müssen alle drei Bereiche einem Höheren dienen, in dem sich die Einheit offenbaren kann. Aus und in dieser Einheit können diese drei Bereiche erst gefunden, erkannt und gestaltet werden. Aus dem Bewusstsein für das Ganze lässt sich das Einzelne am besten wahrnehmen und handhaben. Heute versucht man vermehrt vom Einzelnen, vom „Teilchen" auf das Ganze, auf den Ursprung der Welt zu schließen. Doch wie schon Goethe aussprach: Es fehlt darin das zusammenfassende Band, das eben nur in der Sichtweise für das Ganze gefunden werden kann.

Mann, Frau und Kind erweitern sich zu einem Menschheitlichen, zum ganzen und großen „Menschen", zum Urbild des Menschen hin.

Das Kultur-, Rechts- und Wirtschaftsleben, sie finden in den Werten der Freiheit, Gleichheit und Brüderlichkeit zur Einheit hin, die diese mit diesen Werten speisen will. Denn wo kommt der Drang nach Freiheit, nach Würde und Solidarität in der Seele des Einzelnen, wie auch in Gemeinschaften her?

Sie kommen aus einer höheren, einer moralischen, einer kosmisch-menschheitlich-geistigen Sphäre, die jedoch nicht abgetrennt, geteilt oder gespalten ist, sondern die alle Bereiche, im Menschen wie in der Gesellschaft, durchdringen und impulsieren will. Die Einheit beziehungsweise die Eins, ist auch in der Dreigliedrigkeit, im Körper, in der Seele und im Geist, wie auch in den drei Bereichen des sozialen Organismus immanent enthalten. Und die Dreiheit findet die Eins, die Einheit, wenn sie sich davon inspirieren lassen will. Das ist das große Mysterium, das heute ganz offenbar, nicht mehr geheimnisvoll, verwirklicht werden will.

Für den einzelnen Menschen bedeutet diese Dreigliederung zunächst, dass er die Bedürfnisse des Körpers, der

Seele und des Geistes in Einklang und in eine Harmonie bringen sollte. Konkret wird dies, wenn er sein Denken, Fühlen und Wollen, also die seelische Dreiheit, erkennt und versucht, diese in eine Synthese und Einheit zu bringen. Letztlich geht das aber nur, wenn sich die Seele einem umfassenden Geist, dem Geist der Einheit, in dem die Wahrheit, die Liebe und die Güte urständet und waltet, hingeben lernt. Dieser universelle Menschheitsgeist, er lebt als immanente Einheit im dreigliedrigen Menschen. Diesen gilt es zu suchen und zu ihm hinzustreben.

Dazu müssen die drei Glieder des Seelenlebens zunächst für sich gesehen werden, denn dadurch können sie besser erkannt und gestaltet werden. Schauen wir unser Denken, Fühlen und Wollen separat an, so können sie besser gehandhabt werden, als wenn alles durcheinander wirkt, so wie es im normalen Leben meistens geschieht.

Diese drei Bereiche des Seelenlebens können und sollen von niederen Ausdrucksweisen sich bis zu hohen und edlen Formen wandeln. Zunächst will ich dies für den Bereich des Fühlen, hier nur kurz erwähnen, da ich diese Thematik in früheren Schriften behandelt habe.

Von affektiven Gefühlsausbrüchen zu Stimmungen und Launen bis hin zu Emotionen, Leidenschaften und Wünschen und weiter zu den eigentlichen Gefühlen des Seelischen in der Trauer, Freude, Herzlichkeit und Liebe kann das Gefühlsleben gesteigert werden zum Mitgefühl, ja bis zu einem Verzeihen und Vergeben, um darin immer edlere Formen und Eigenschaften des Fühlens zu erlangen.

Ähnlich im Denken: von den dumpfen Wahrnehmungen

bis zu Vorstellungen, die meist sehr subjektiv beeinflusst sind, geht es zu Begriffen und deren Gesetzmäßigkeiten, wie auch zu Ideen und Idealen, die einer höheren, einer moralischen und wesenhaften Geistigkeit entstammen.

Der Wille kann von Instinkten und Trieben geleitet sein und sich in Begierden äußern, allmählich aber zu ichhaft geführten Motiven, Vorsätzen und schließlich zu Entschlüssen hinführen, durch die wir unsere Zukunft selbst bestimmen lernen.

Wenn sich Denken, Fühlen und Wollen so verwandeln lassen, dass sie die höheren Ebenen erreichen, können sie wieder zusammenwirken, denn dann dienen sie dem Menschen in einer gesunden und edlen Weise.

Das alchemistische Prinzip der Veredelung der drei Glieder und Bereiche, die in einem lebendigen Organismus wirken - und zwar von und in der Pflanze, über das Tier und den Menschen und über diesen bis in die Gesellschaft hinein, lässt gesunden und heilen. Nicht sofort, denn der Weg zur Wahrheit, als Beispiel für das Denken, ist oftmals steinig und schwer, denn unsere selbst aufgebauten Lügen und Verneinungen lassen nicht so leicht los. Doch an der Wahrheit kommen wir längerfristig gesehen, als Einzelner wie auch als Kollektiv, als Menschheit nicht vorbei.

Und so ist es auch mit dem Guten und Schönen, wo es ja auch die unterschiedlichsten Einstellungen, Standpunkte und Geschmäcker gibt. Was ist gut und was ist schön?

Erst wenn diese Begriffe für sich geklärt und erhöht werden, können sie wieder in einem gesunden Sinne zusammenwirken. Darüber soll dann in den folgenden Kapiteln weiteres berichtet werden.

Mit und in der Wahrheit leben

Dies ist in unseren Tagen gar nicht mehr so leicht, denn Teil-Wahrheiten, Lügen und Verleumdungen breiten sich immer stärker aus. Dazu tragen vor allem auch die neuen Medien und die sogenannte künstliche Intelligenz bei.

Was ist dann wahr für mich, für den Mitmenschen und für die Welt und wie finde ich zu dieser Wahrheit hin? Gewiss, es gibt verschiedene Standpunkte, Meinungen und Ansichten, die sich von Mensch zu Mensch unterscheiden, denn jeder Einzelne hat nun mal seine persönliche Erfahrung und Reife. Vom schwierigen Umgang damit zeugt ein Ausspruch Mahatma Gandhis:

„Alle Streitigkeiten entstehen daraus, dass der eine dem anderen seine Ansichten aufzwingen will".

Kann es dann überhaupt eine Wahrheit geben, die für alle Menschen gültig ist?

Zunächst ist dies eine Frage der Urteilsfähigkeit. Kann ich bestimmte Erscheinungen und Sachlagen richtig und klar beurteilen und einordnen, weil ich eine objektive und überschauende Haltung einnehmen kann?

Schließlich gibt es dafür, vom Irdisch-Persönlichen aus gesehen, mehrere Standpunkte und Ausgangslagen, mit denen wir die Welt betrachten können. Und je mehr ich diese Standpunkte in mir bewusstseinsmäßig erschlossen und verinnerlicht habe, um so größer wird mein Urteilsvermögen und damit auch die Chance, eine wahrhaftige Erkenntnis und Beurteilung erringen zu können.

Ich will im Folgenden diese Standpunkte und Weltanschauungen hier nur kurz anführen. Eine vertiefende

Betrachtung findet sich in meinen früheren Schriften oder bei Rudolf Steiner, der diese Aufzählung und Zuordnung meines Wissens entdeckt hat. Dabei wähle ich eine leicht veränderte Beschreibung, die mir aus kosmologischer Sicht treffender erscheint. Dies sei erwähnt für diejenigen, die hier einen Unterschied bemerken.

Somit lassen sich 12 Weltanschauungen oder Sichtweisen finden, die den 12 Tierkreiszeichen zugeordnet werden und die sich im zodiakalen Tierkreis als Zweiheiten und Polaritäten gegenüberstehen und dadurch auch immer paarweise gehandhabt werden können. Nicht aber als Gegensätze sollten wir diese Pole sehen, sondern vielmehr als Ergänzungen, die uns eine größere und umfassender Sichtweise erlauben.

Ich zähle diese Weltanschauungen hier nun auf. Dabei hat jeder Mensch natürlicherweise seine gewissen Vorlieben und Prägungen.

1. Idealismus (Widder)
   Ideale

2. Rationalismus (Stier)
   Nützlichkeit

3. Mathematismus (Zwillinge)
   Gesetze, Klarheit

4. Materialismus (Krebs)
   die irdischen Bedürfnisse

5. Sensualismus (Löwe)
   Wahrnehmung, Sinnesschulung

6. Phänomenalismus (Jungfrau)
   beschreibende Beobachtung

7. Realismus (Waage)
   realistische Einschätzung

8. Psychismus (Skorpion)
   seelische Werte und Ursachen

9. Dynamismus (Schütze)
   alles fließt, Erweiterung

10. Spiritualismus (Steinbock)
    die geistigen Bedürfnisse

11. Pneumatismus (Wassermann) Erkenntnis, Ideen finden

12. Monadismus (Fische) Einheitserleben

26

Erst wenn wir eine Sache von mehreren Blickwinkeln aus betrachten lernen, wird die Chance größer, dass wir zu einer umfassenden Wahrheit hinfinden können.

Natürlich ist ein bestimmter Standpunkt in seinem Bereich auch wahr, zum Beispiel der Materialismus im Bereich des Materiellen. Doch er zeigt nur einen kleinen Ausschnitt des großen und umfassenden Weltganzen. Auch eine rein psychologische Herangehensweise ist natürlich gültig im Bereich des Psychologischen, zur Ganzheit sollte aber eine gewisse Rationalität, also die polare Seite mit einfließen können. Und so mit allen zwölf Standpunkten.

Wir leben ja in einer Zeit, in der die Lügen zunehmen; zumeist um persönliche, wirtschaftliche oder politische Interessen durchzusetzen. Da wird nun von einigen Politikern behauptet, dass Waffen Leben retten und nur ein Sieg als Kriegsziel uns vor dem bösen Feind erretten kann. Gewiss ist es manchmal notwendig und gut, wenn man sich bei einem Angriff verteidigen kann, doch Zeiten, in denen auf einem Schlachtfeld ein Sieg bestritten werden konnte, sind endgültig vorbei. Denn bei genauerer Beobachtung sehe ich in der neueren Geschichte nirgendwo einen sieghaften Krieg, der zu einer Verbesserung der Weltlage geführt hätte.

Die Nato war 20 Jahre in Afghanistan und die Taliban sitzen inzwischen mit größerer Macht im Land. Der Krieg der Nato in Libyen hat danach zu größerem Chaos geführt, ebenso der Krieg im Irak. Geschweige denn im Korea- oder Vietnamkrieg, wo die militärische Supermacht USA trotz gewaltiger Anstrengungen keine Siege erringen konnte. Und nun soll die Ukraine mit der

Unterstützung des Westens Russland besiegen können? Napoleon und Hitler sind in Russland ja auch gescheitert.

Krieg bringt keine Sieger hervor, sondern nur ein zerstörtes Land und verwundete Seelen, das sollten wir aus dem Zweiten Weltkrieg gelernt haben.

Natürlich gibt es auch Profiteure in Kriegen, allen voran die Waffenindustrie und die Banken, die Kriegskredite zu Lasten der Allgemeinheit vergeben. Um jedoch einen Frieden erreichen zu können, braucht es folglich nicht nur materialistische, rationale und psychologische Sichtweisen, sondern auch einen Idealismus, der sich für den Frieden einsetzen will, einen Phänomenalismus, der die tatsächlichen Gegebenheiten sieht, sowie einen Realismus und einen Spiritualismus, der die geistigen Hintergründe erkennen kann, ja sogar einen Monadismus, der erkennt, dass alles mit allem zusammenhängt und dass es letztlich bei Auseinandersetzungen darum geht, den Einheitsgedanken, die umfassende Quelle für Frieden und Gerechtigkeit nicht aus den Augen zu verlieren.

Folglich brauchen wir für eine Beurteilung und Beherrschung feindlicher Gesinnungen, sowie der vielen Lügen und Manipulationen, die uns bedrängen und bedrohen, eine erweiterte Sichtweise, die erst zu dem hinführen kann, was die Wahrheit ist. Denn erst die Wahrheit wird uns bekanntlich frei machen können. Deshalb ist das Ringen um Wahrheit niemals vergebens.

Diese zwölf Weltanschauungen beschreiben dabei einen Übungsweg, hin zu größerer Sicht und Vollkommenheit, hin zu einem „großen Menschen", der in der umfassenden Wahrheit selbst zu leben beginnt.

Ein Mensch hat da seine Stärken, ein anderer woanders. Deshalb können wir voneinander lernen und das sollten wir auch. Ein gegenseitiges Bekriegen schwächt, es raubt Kräfte und zerstört. Ein Aufeinander-Zugehen und Lernen-wollen bringt uns näher und erlaubt es den Kräften des Friedens, darin einwirken zu können. Dies ist letztlich aber eine Erkenntnisfrage – das sollten wir doch bedenken.

Mahatma Gandhi konnte mit friedlichen Mitteln die Engländer aus Indien vertreiben. Eine friedliche Gesinnung ist letztendlich stärker als die selbstsüchtigen und materialistischen Bestrebungen – und dies im Persönlichen wie auch im Kollektiven.

Friede entsteht, wenn wir in der Wahrheit, in der Liebe und in der Güte wachsen und reifen. Die Wahrheit denken, die Liebe fühlen und die Güte, das Gute wollen, darauf kommt es an, wenn wir uns den guten Geistern, den himmlischen Kräften und Wesen zuwenden wollen. Dann kommen diese auch uns wieder entgegen, sie inspirieren und impulsieren uns, damit wir licht-, liebe- und lebensvoll in die Zukunft schreiten können.

Als Abschluss sei in diesem Zusammenhang auf einen wichtigen Gedanken hingewiesen. Normalerweise denkt man ja, der Krieg ist das Gegenteil von Frieden. Bei genauerer Betrachtung zeigt sich aber, dass Kriege immer zwei negative Pole beinhalten, nämlich den Angreifer und den Angegriffenen beziehungsweise den Täter und das Opfer. Diese Pole können sich natürlich auch vermischen, wo dann jede Partei Täter und Opfer wird. Das führt schließlich dazu, dass für beide Seiten im Streit und Krieg große Opfer und Verluste entstehen.

Um diese gegensätzlichen Pole in einen Ausgleich beziehungsweise in eine Synthese und Steigerung zu bringen, braucht es eine dritte Kraft, die ausgleichen, vermitteln und kommunizieren kann. Und das ist der Friede-Geist. Dieser soll nicht parteiisch agieren, sich auf eine Seite stellen, wie zum Beispiel Europa heute zur Ukraine hin. Will Europa wirklich einen Friedensgeist entfalten, für den diese Vereinigung ja ursprünglich angetreten ist, muss Europa versuchen zu vermitteln. Leider schlägt man sich einseitig auf die westliche, auf die britisch-amerikanische Seite. So kann es aber keinen Frieden geben, da sich die Westmächte mit den Ostmächten ohne ein drittes Prinzip, also da ohne einem vermittelnden Europa nicht einigen können, da sie ja Gegensätze bilden, die ohne eine Mitte keinen Ausgleich finden.

Als spirituelles Wahrbild für unsere apokalyptische Zeit hält der Erzengel Michael eine Waage in der Hand, womit er zwischen den Gegensätzen, die uns Menschen in allen Bereichen des Lebens bedrängen, ausgleichen kann: zu viel Vergangenheit – zu viel Zukunft, zu reich – zu arm, zu schnell – zu langsam, zu schwach - zu stark, zu materialistisch – zu spirituell, zu weltflüchtig – zu weltsüchtig, zu luziferisch – zu ahrimanisch und so fort.

In der Mitte der Waage, findet sich erst der Punkt, der eine Ruhe, eine Stille herstellen kann, aus der heraus man sich frei und ausgleichend bewegen kann. In dieser Mitte, in der inneren Stille der Seele, findet sich eine Öffnung nach oben, wenn in andächtiger und ehrfurchtsvoller Weise der Geist der Wahrheit und des Friedens, wie auch der Weg zur inneren „Herzens-Sonne" der Liebe, gesucht und gefunden werden kann.

Es werde Licht –
eine meditative Annäherung

Mit dem Ausspruch: „Es werde Licht" beginnt die Schöpfungs-Geschichte. Daher hat das Licht eine grundlegende Bedeutung für die Schöpfung, aber auch für uns Menschen.

In unseren Tagen kennen wir ja vielfältige Formen des Lichts, die des Natürlichen, wie das Sternen- und Sonnenlicht, das reflektierende Mondlicht und sogar in der Natur der Erde erzeugen Blitze, ja sogar manche Naturwesen wie die Glühwürmchen ein eigenes Licht. Und wir Menschen erzeugen im Feuer, in Kerzen und Laternen und natürlich im physikalisch-elektrischen Licht die vielfältigsten Lichtquellen, von der Glühbirne bis zum Laserlicht, die für unsere Augen sichtbar sind. Daneben finden sich im Infrarot- und im Ultravioletten Lichtspektrum physikalische Größen, die für uns Menschen nicht mehr sichtbar sind. Also geht das Licht weit über unser sinnliches Vermögen hinaus.

Was man hier grundsätzlich betonen muss, ist, dass wir zwar die Lichtquellen sehen können, nicht aber die Lichtstrahlen, denn diese werden nur sichtbar, wenn sie auf einen Gegenstand treffen. Wäre das Licht sichtbar, könnte man nicht hindurchschauen, wir würden dann nur noch das Licht sehen und nicht mehr die Dinge, die davon beleuchtet und erhellt werden. Im Weltraum ist überall Licht, doch für uns ist dieser dunkel, eben weil das Licht nicht sichtbar ist.

Wie verhält es sich nun im Menschen, gibt es da auch

ein Licht. Gewiss, man kennt Biophotonen, die das Lebendige in den Zellen mitbewirken. Und sogar von einem seelischen Licht können wir sprechen, wenn in uns eine helle und freudige Stimmung einziehen kann. Und schließlich wird in religiösen und spirituellen Kreisen von einem geistigen und einem göttlichen Licht gesprochen.

In der religiösen Mythologie wird von Luzifer, dem Lichtbringer berichtet, der dem Menschen das Licht brachte oder von Prometheus, dem das Feuer übergeben wurde. Mit diesem Feuer und Licht wurde der Mensch erst zu einer gewissen Selbstständigkeit fähig, da er damit Eigenes erschaffen konnte. Das Licht der Erkenntnis entstand für den Menschen durch das Essen vom biblischen Baum der Erkenntnis des Guten und des Bösen. „Du wirst sein wie Gott" rief ihm die Schlange, Luzifer zu. Doch damit ist eine Versuchung und Aufgabe verbunden.

Heute hat sich der neuzeitliche Mensch selbst auf einen „Thron" gesetzt. Je mehr er aber die Lichtkräfte gebraucht, seien sie physikalischer oder technischer Natur, ja bis hin zur künstlichen Intelligenz, so zeigt sich immer mehr, dass er damit das natürliche Leben verdrängt und vernichtet.

Selbst bei Straßenlampen werden durch das künstliche Licht Insekten so lange angelockt, bis sie zugrunde gehen. Licht ist daher zunächst lebensfeindlich und abbauend, auch das Erkenntnislicht. Zu viel Denk- und Nervenprozesse bauen biologisch gesehen ab. Der Baum des Lebens steht in Opposition zum Baum der Erkenntnis. Wir verlieren durch intellektuelles Erkenntnisstreben das gesunde paradiesische Leben. Dies ist aber kein Grund zum verzweifeln, denn des Menschen Aufgabe ist es, die zwei Bäume des Paradieses wieder einmal miteinander verbinden zu lernen. Dann hat der sogenannte Sündenfall seine Schuldigkeit getan, denn dadurch wurde und wird der Mensch zu einem selbstständigen Wesen, zukünftig nun den Göttern gleich.

Wenn jedoch der Baum der Erkenntnis, das Erkenntnislicht nur für sich, also ohne den Baum des Lebens, der in sich die Einheit mit allem enthält, gesehen wird, muss er irgendwann ins Krankhafte führen.

Luzifers Licht lässt vor allem sich selbst bescheinen. Das künstliche Licht, aber auch unser Erfindungsreichtum dient mehr oder weniger der Bequemlichkeit, dem Selbstgenuss und der Selbstbespiegelung, zum Beispiel im Licht der vielen Scheinwerfer, die unsere Aktionen und Darstellungen erst möglich machen. Luzifer ist der Narzisst, sein Licht dient nur ihm, seinem seelischen Erleben, nicht dem natürlichen Leben. Dies soll hier aber nicht negativ bewertet werden, denn ohne Luzifer gäbe es keine Kunst und Kreativität. Nur ist diese zumeist recht selbst-bezogen.

Vom wahren Licht wird im Johannes-Prolog gesprochen, den ich hier auszugsweise wiedergebe:

„Am Anfang war das Wort und das Wort war bei Gott und Gott war das Wort. Aus diesem ist alles entstanden, was erschaffen ist. In ihm war das Leben und das Leben war das Licht der Menschen. Das Licht schien in die Finsternis, aber die Finsternis hat es nicht begriffen ...

Das wahre Licht, das alle Menschen erleuchtet, sollte in die Welt kommen. Es war in der Welt, denn die Welt ist

durch es geworden, aber die Welt hat es nicht erkannt …
Allen aber, die es aufnahmen, gab es die Kraft, Kinder
Gottes zu werden …"

Das Licht aus dem Leben ist das Licht vom Baum des
Lebens, der durch den Sündenfall für uns Menschen
verloren ging. Nicht auf einmal, aber mit zunehmendem
eigenen Erkenntnislicht, so wie dieses in neuerer Zeit
entwickelt wurde, geht der Zugriff auf das Lebendige
mehr und mehr verloren. Einfache Völker, vor allem in
indigenen Kulturen haben diesen Zugriff noch eher
bewahrt. Davon können wir auch etwas lernen, aber die
heutigen selbsterzeugten Probleme werden dadurch nicht
gelöst. Denn wir brauchen einen erneuten Zugang zum
Baum des Lebens und dieser ist uns von Christus in
seinen drei Jahren der Erdenwirksamkeit im Jesus von
Nazareth geschenkt worden, in dem er hier die Todeskräfte überwinden und besiegen konnte. Die Todeskräfte
sind ja das Resultat des Essens vom Erkenntnisbaum.
Denn Erkenntnis baut leiblich gesehen ab. Nerven-
Gehirnprozesse sind abbauend. Stoffwechselprozesse
sind aufbauend. In dieser Polarität lebt der Mensch in
seinem körperlichen Sein. Das Licht der Erkenntnis
kann aber auch die Seele erhellen, vor allem, wenn es zu
einer Selbsterkenntnis und zu einem Erkennen der tiefen
Weltgesetze führt.

Die heutige Wissenschaft und Technik baut Leben ab,
vernichtet mehr und mehr, weil sie materialistisch und
egozentrisch ausgerichtet ist. So ist es notwendig, eine
Wissenschaft des Lebendigen zu finden, die anschließt
an das Leben und damit an das schöpferische Wort, von
dem alles ausgeht.

Folglich gilt es, die Lebenskräfte, die ätherische Welt zu studieren. Dies können wir aber nur in der Verbindung mit der Natur, nicht gegen sie. Goethe war da ein Vorreiter, wie auch ein Paracelsus oder ein Victor Schauberger, Wilhelm Reich und viele andere, die in unserem heutigen „offiziellen" Wissenschaftsbetrieb leider wenig Aufmerksamkeit erhalten.

In der alternativen Heilkunde wird auf einen Zusammenklang mit den lebensfördernden Kräften und Gesetzen der Natur gebaut. Aber auch der einzelne Mensch kann dieses lebensvolle Licht in sich entdecken, denn es ist ja auch in ihm. Dabei ist es sinnvoll, die Kräfte zu studieren, die von der Sonne ausgehen, denn die Sonne bewirkt und erhält das natürliche Leben; ohne sie ist kein Leben, aber auch kein Erkennen möglich, so wie wir das kennen. Die Sonne ist in ihrem Strahlengewand vierfach gegliedert. Wir kennen eine Feuer- und eine Licht-Sphäre, sowie die Korona-Sphäre und den Sonnenwind. Dieses vierfache Licht der Sonne ist wärmend, strahlend, belebend und gestaltend. Darin finden sich eben auch die vier Äther oder Lebenskräfte, nämlich der Wärme-, Licht-, Klang- und Lebensäther.

Im Menschen und in der Natur können diese Ätherkräfte zunächst in sinnlicher Weise und irdischer Entsprechung in den vier Elementen als Feuer (Wärmeäther), als Luft (Licht-Äther), als Wasser (Klangäther) und als Erde (Lebens-Äther) gefunden werden, die in der Gestaltbildung (Information im Leiblichen), als Klang (Chemismus im Stoffwechsel), als Erkenntnislicht in der Seele und zuletzt als Liebekraft in der Herzenswärme erfahren werden.

Somit sollte zum luziferischen Erkenntnislicht die Herzenswärme hinzu kommen; das Herz soll sich weiten, öffnen und verschenken, damit der Erkenntnisbaum im Menschen wieder mit dem Lebensbaum verbunden werden kann. Denn auch die Sonne verschenkt sich in den Kosmos und in die Welt hinein und hat so eine Verbindung zum Sternenlicht, dem Weisheitslicht des Alls, wie auch zu allen Wesen des irdischen Seins.

Nun wollen wir uns dem inneren Licht in einer meditativen Weise zuwenden. Doch dazu muss gesagt werden, dass es sich nicht um ein sinnlich-physikalisches Licht handeln kann. Denn geistiges Licht findet sich nirgends in der Natur, da ist kein freier Geist innewohnend, nur im Menschen findet sich ein eigenständiger Geist, der sich lichtvoll entfalten kann. In der Natur, auch in der des Menschen, sind neben den Lebenskräften eben auch die Todeskräfte eingezogen. Biblisch ausgedrückt als Finsternis, denn der „Geist schwebt über den Wassern", also über der Finsternis. Der schöpferische Geist ist in die Materie hinein-gestorben, hat sich darin verdichtet. Über und durch den Menschen kann der göttliche Geist, kann das geistige Licht wieder erneut in die Naturkräfte und diese verwandelnd, eingreifen. Somit kann der Mensch allmählich zum Heiler und Erlöser des Irdischen heranreifen, so wie dies Christus in seinem Erdensein vorgelebt hat als er die geistige Matrix seines stofflichen Leibes den Todeskräften entreißen konnte.
Seinem Licht und Geist wollen wir uns nun in einer meditativen Weise, in einem sogenannten umgekehrten Kultus zuwenden. Aber nicht nur das schöpferische

Licht, das aus dem Baum des Lebens entspringt, kann dafür verwendet werden, denn auch der Klang (die Musik, die Sphärenharmonie) und die Wärme (als Herzens-Liebe-Meditation) oder gar der tragende Grund, die innere Kraft des Leiblichen, die Materie, kann zu einem Inhalt für eine Meditation herangezogen werden.

Dabei sind bestimmte Stufen in einer meditativen Weise zu durchlaufen, die eben dem umgekehrten Kultus entsprechen:

Wir beginnen zunächst mit dem Wort: Licht, also mit dem, was als Erscheinung in unserem Denken und Sprechen erscheint. Der Genius der deutschen Sprache gibt uns dazu einen erhellenden Wink. Das L im Wort Licht steht am Anfang für das Leben, ein Ich findet sich in der Mitte und das T für den Tod am Ende. Der Mensch steht in seiner Ich-Entwicklung zwischen Leben und Tod. Diese Aussage kann im Wort Licht gefunden werden, denn auch unsere große Lichtquelle, die Sonne bewirkt nicht nur das Leben, sie kann auch tödlich wirken, wenn sie zu stark einwirken tut. Dies ist somit auch eine Metapher für das natürliche Licht.

Wenn wir eine Stufe im Denken weiter gehen, finden wir das Licht als einen Begriff. Und da lassen sich nun verschiedene Formen des Lichts finden, die alle in dem Begriff Licht enthalten sind, wie eben das Sonnen-, das Sternen-, das künstliche Licht oder das Seelen- und das Geisteslicht. Darüber sich im Klaren zu sein, erweitert unsere Denkweise über das Licht.

Als Nächstes können wir uns fragen, wie denn das Licht funktioniert. Nun, es kommt aus einer Lichtquelle und verliert sich beziehungsweise es stirbt in die Materie hinein, so wie dies zum Beispiel in der Photosynthese sichtbar wird. Materie ist geronnenes, verdichtetes Licht. Doch es kann daraus auch wieder befreit werden, zum Beispiel im Kerzenlicht oder im brennenden Holz, also da, wo Materie vergeht. Selbst in der Atomtechnologie wird sichtbar, dass durch Aufspaltung und Zerstörung von Stoffen enorme Kräfte frei werden, die zuvor in der Materie eingeschlossen waren. Durch Reibung entsteht Wärme und die entzündet wiederum brennbare Materialien. Reibung bedeutet ein gewisses Aufbrechen, ein in Bewegung bringen der ruhenden Materie, woraus dann Wärme und Licht entweicht.

Was ist nun die Idee hinter diesen Phänomenen, was ist die Idee des Lichts?

Es beleuchtet und erleuchtet, es schafft und gestaltet, es verdichtet, vernichtet, wandelt und befreit. Schließlich macht es sichtbar und führt dadurch zu Erkenntnissen, die wir Menschen an den Wahrnehmungen und Erscheinungen durch unser Denken gewinnen können. In den Erscheinungen des Materiellen ist das Licht nicht mehr sichtbar, aber in einem lichtvollen Erkennen fügen wir der Materie etwas hinzu, das nur der menschliche Geist den natürlichen Gegebenheiten zuordnen und zugeben kann. Somit ersteht erst im Erkenntnisprozess eine Ganzheit, die Ideen beziehungsweise die Gesetze in den irdischen Erscheinungen werden im Denken erfasst. Das Licht des menschlichen Geistes, das Erkenntnislicht erweitert und erlöst die Materie aus ihrem „gefallenen" und unbewussten Sein, wenn sich unsere Erkenntnis mit der Liebe des Herzens verbinden kann.

Damit sind wir auf einer weiteren Stufe angelangt, nämlich dem Licht als einem Ideal. Die Idee erkennen wir, das Ideal erfühlen wir, wir nehmen es mit dem Herzen auf. Das innere Licht als ein Ideal durchleuchtet uns selbst und strahlt von da in die Welt und beleuchtet diese, eben in der Erkenntnis, aber auch in einer wärmenden und liebenden Kraft. Denn in der Herzens-Ebene verbindet sich das Licht des Erkennens mit der inneren Wärme der Seele, wenn wir dies als ein Ideal, als ein inneres Streben zu diesem Licht hin annehmen wollen. Im Ideal bekommt die Idee eine moralische Qualität, zum Beispiel im Ideal des Friedens.

Der Friede ist ein Ideal, kann dementsprechend auch der Krieg ein Ideal sein? Ich denke nicht, denn wenn man sein Herz, sein Gewissen und seine innere Moral befragt, wird man dies verneinen müssen.

Krieg entsteht eher aus Kalkül, aus Hass, Feindschaft oder Machtgelüsten. Solche Beweggründe können aber nicht zu einem Ideal erhoben werden. Das widerstrebt unserem Menschsein.

Doch wo kommen Ideale eigentlich her, wie finden wir das innere Licht, das diesem Ideal zugrunde liegt? Wohin führt das Licht, wenn wir es als ein Ideal in unserer Seele erfahren?

Beim Übergang von der Idee zum Ideal mussten wir das Denken verlassen und in die Gefühlsebene eintreten. Um noch tiefer in die Meditation beziehungsweise in das Erleben des inneren Lichtes einzudringen, müssen wir auch noch die Gefühlsebene, unser Ideal des Lichts verlassen, damit sich das Licht selbst offenbaren kann. Dies erfordert einen Willensakt, ein seelisches Leerwerden, damit das Wesen des Lichts erscheinen kann.

Dafür muss auch noch der Eigenwille schweigen können, nichts Seelisches darf mehr wirken, dann erst kann sich Geistiges, Wesenhaftes offenbaren. Denn schließlich geht alles und damit auch das Licht, von Wesen aus und die sind im Grunde geistiger Natur.

Das Wesen des Lichts, ja, das Licht ist und urständet in einem Wesen, es ist dies ein schöpferisches, schaffendes, belebendes und erhellendes Wesen, das im Urbeginne den Impuls zur Schöpfung, zum irdischen Sein gab und dies aus rein geistigen Lichtwelten heraus und zwar in einer allmählichen Verdichtung über seelische und lebendige Welten bis hin zu den heutigen stofflichen Daseinsformen.

Der Mensch hat nun die Aufgabe, von diesen stofflichen Gegebenheiten aus, durch ein lichtvolles Erkenntnisvermögen wieder zu den geistigen Ursprüngen zurück zu gelangen.

Vom Wort und Begriff zur Idee und zum Ideal und von diesem zum Wesenhaften geht ein zeitgemäßer meditativer Weg, der dann auch die gefallene Natur befreien und mit-erlösen kann. Darin bleibt das Menschen-Ich frei, denn dieser meditative Weg baut auf ein eigenständiges Ich, da nur in diesem eine echte Freiheit erhalten und bewahrt werden kann.

In ähnliche Weise können wir auch mit anderen Worten, zum Beispiel mit der Liebe, der Gerechtigkeit, dem Frieden und so weiter, verfahren. Dadurch nähern wir uns dem Wesenhaften, dem Baum des Lebens, ohne den Erkenntnisbaum negieren zu müssen, so wie dies die alten Meditationswege noch versuchen, in dem sie das Denken beziehungsweise den Verstand abweisen.

Das Denken, der Verstand soll erweitert, verfeinert werden, dann natürlich auch das Gefühlsleben, das in edlen Begriffen und Tugenden eine Verfeinerung erfährt. Und das Willensleben muss sich hingeben lernen, damit ein Höheres, Reineres und Wesenhaftes erscheinen kann. Auf diesem Wege kann es auch in unserer Seele allmählich lichter werden. Wir werden feinfühliger und liebevoller – und dies nicht nur für uns selbst, sondern vor allem auch für die Welt. Unser Denken erweitert sich im Erkenntnislicht. Unser Fühlen will erstrahlen im Liebeslicht und unser Wille verneigt sich vor einem Licht, das sich für die Welt hingeben und opfern kann.

In Christus ist dieses wahre, dieses wesenhafte Licht in die Menschheit eingezogen. Der große Sonnengeist ist ganz Mensch geworden. Dadurch haben wir einen Zugang zu diesem Sonnen-Geisteslicht. Und so dürfen und können wir selbst zu kleinen „Sonnen" heranreifen, die die Welt erhellen und erleuchten können. Von unserem sonnenhaften Herzen strahlen diese Lichter aus.

Ich beschließe diesen Abschnitt mit einem Spruch, der die Grundhaltung zum Meditieren wiedergibt:

Meditation ist ein inneres Erleben im Angesichte Gottes, ein Sich-Hingeben, um in einem Höheren neu zu erstehen, ein Sich-Verlieren, um sich zu finden.

Der Weisheit entgegen – eine meditative Übung

Bevor man überhaupt meditieren kann, sollten einige Voraussetzungen erfüllt sein. Da ist zunächst eine gewisse innere Ruhe und eine Konzentrationskraft zu erlangen. Oftmals wird die Aufmerksamkeit dazu auf einen ruhigen Atem gelenkt oder man versucht, die Vorstellungen und Gedanken aus dem alltäglichen Leben beiseite zu schieben. Dann erst kann man sich auf einen meditativen Inhalt besinnen.

Nun, das Wort Weisheit kann selbst schon erhellend sein, wenn man sich der Weisheit meditativ nähern will. Dazu kann der Klang des Wortes innerlich nachvollzogen oder es können die einzelnen Buchstaben und ihre Reihenfolge betrachtet werden. Was sagt der Sprachgenius dazu aus?

„W" hat mehr einen weichen und wässrigen Charakter, zweimal kommt dann das „Ei" im Wort Weisheit vor. Dies ist ein weiblicher Vokal, der dem Mondenhaften zugeordnet wird. Auch das S (ein Sausen) und das H (ein Hauchen) sind eher weiche Laute, doch zum Schluss folgt wieder ein hartes T, das das Vorige quasi in einem Ruck auf die Erde bringen will. Somit kann uns schon allein das Wort Weisheit etwas über den Charakter der Weisheit aussagen.

Wenn wir dann den Begriff Weisheit betrachten, lassen sich verschiedene Nuancen finden, wie man sich der Weisheit nähern oder wie man diese für sich verwirklichen kann. Was verbinden wir mit diesem Begriff?

Gerne stellt sich die „gewöhnliche" Welt vielleicht noch einen alten Mann mit weisen Haaren und weisem Bart vor, um der Weisheit einen sinnlichen Ausdruck zu verleihen. Ja, früher sprach man auch von einer Altersweisheit, einer Lebensweisheit, die durch die vielfältigen Erfahrungen des Lebens entstanden ist. Zudem spricht man von einer Herzensweisheit und dann in religiösen Zusammenhängen von einer Offenbarungsweisheit, die gerne dem Heiligen Geist oder der Taube der Weisheit zugesprochen wird. Die Göttin Sophia ist ein Aspekt des Ewig-Weiblichen, sie offenbart und deutet hin auf die himmlische Weisheit. Somit kann der Begriff Weisheit in verschiedenen Ausdrucksweisen erfahren werden.

Wie funktioniert nun die Weisheit, wie äußert sie sich im menschlichen Leben?

Im irdischen Sein muss der Mensch durch die vielfältigsten Erfahrungen, denen er biographisch ausgesetzt ist, sein Leben allmählich so meistern lernen, dass er diese Erlebnisse in Wissen und Erkenntnisse umwandeln kann. Daraus ersteht mit der Zeit eine Lebensweisheit. Im weiteren kann er sich durch Intuition von der inneren Weisheit, von der Herzensweisheit befruchten lassen, denn die Weisheit lebt ja auch im Menschen. Allein schon unser Körper ist mit sehr viel Weisheit aufgebaut, die wir achten, ehren und würdigen sollten.

Ein weiterer Weg ist der, immer nach der Wahrheit zu streben. Das macht ebenfalls weise, denn auf diesem Weg ist es notwendig, sich auch mit dem Lügenhaften und Falschen auseinander zu setzen. Lernen wir immer besser, das Wesentliche und Wahre vom Unwesentlichen und Falschen zu unterscheiden, so macht uns dieses

Urteilsvermögen mit der Zeit immer weiser.

Die nächste Ebene, in die wir mit unserem Denken eintreten können, ist mit der Frage verbunden: Was ist die Idee der Weisheit? Nun, dies kann man recht einfach beantworten, denn die Weisheit ordnet die Welt, sie schafft Harmonie und Ausgleich und dies im Menschen, in den Naturreichen wie auch im weiten kosmischen All. Ohne Weisheit gäbe es kein gutes, gesundes und harmonisches Miteinander.

Wie kann dann die Weisheit zu einem Ideal im Menschenleben heranreifen?

Jeder Mensch hat von Natur aus das Recht und auch die Möglichkeit, sich Weisheit zu erwerben, um sich selbst ein harmonisches Leben kreieren zu können. Die Weisheit ist in letzter Konsequenz ein Himmelsgeschenk, eine Gnadengabe, denn sie entspringt den himmlischen Welten. Wir können sie daher nicht erzwingen. Nur öffnen können wir uns für sie, damit sie in uns einfließen, uns inspirieren kann. Und so dürfen wir immer auch versuchen, sie wahrzunehmen, sie zu erleben und zu fühlen, denn Himmelskräfte sind ja auch in uns. Daraus lässt sich ein Ideal in der Seele manifestieren, das bewirkt, dass wir immer weisheitsvoller leben und agieren.

Damit erreichen wir eine weitere Stufe, nämlich die Offenbarung des Wesens der Weisheit selbst. Dazu braucht es nun einen Willensschritt, um auch das Ideal, das innerliche Erfühlen der Weisheitsgaben entfernen zu können. Durch diesen Schritt erschaffen wir eine Leere, einen stillen Raum im Herzen, wie auch im grenzenlosen Umkreis. Reine Achtsamkeit und Hingabe bleiben übrig, wenn sich der Wille vom Eigenwillen löst und sich in den grenzenlosen Raum, der das weite Universum umfasst, öffnen kann. Dies gleicht einem Prozess des Sterbens der eigenen Subjektivität. Erst wenn alles Subjektiv-Persönliche schweigt und die Seele nur noch wartet und lauscht, kann sich Höheres, kann sich die Weisheit offenbaren.

Will, wird und kann sich das Wesen der Weisheit, die Energie und Kraft der Weisheit in mir kundtun?

Vielleicht erlebt man nicht sofort etwas, aber die Berührungen in diesem weiten seelischen „Raum" wird niemals ohne Auswirkungen bleiben. Je öfters und je intensiver wir diese inneren, meditativen Bewusstseinsprozesse vollziehen, um so reichhaltiger werden uns die geistigen Weisheits-Wesen, zum Beispiel die Kyriotetes, die Geister der Weisheit, in unserem Leben begleiten können und uns immer wieder ihre weisen Impulse zusenden. Entweder über Lebens- und Schicksalserfahrungen oder in innerer Erkenntnis und Einsicht.

Den Geist der Weisheit, die göttliche Sophia, kann man ja auch direkt in würde- und liebevoller Herzensstimmung anrufen und sie bitten, damit sie uns ihre Weisheit übermitteln mag. Dabei begegnet sich Wesenhaftes miteinander und ineinander: mein geistiges Wesen, das ich ja im Grunde bin, mit den Wesen der geistigen Welt, die uns im und aus dem Bereich des wesenhaften Geistes inspirieren wollen und können, wenn wir selbst diese wesenhafte Seite des Geistes in uns finden.

Ob wir dahin hingelangen wollen, liegt natürlich an uns selbst. Weisheit hat aber noch niemanden geschadet – ganz im Gegenteil, sie hilft, klärt, ordnet und erleuchtet, wie das Licht der Weisheit dies eben tut.

Eine Meditation muss aber nicht immer nach diesem Schema ablaufen, also vom Wort und Begriff ausgehen. Nur bleiben wir da am ehesten wach und frei – und dies ist in heutiger Zeit sehr wichtig, da auch auf dem meditativen Gebiet zahlreiche Täuschungen und Verführungen vorhanden sind, die Geist- und Sinnsucher vom rechten Weg abbringen wollen.

Hier soll nun eine kurze Aufzählung folgen, die verschiedene Meditationsweisen und -inhalte beschreibt.

So können einzelne Lautfolgen wie das „OM", das „IAO" oder auch Runenlaute und Mantren wie auch sinngebende Sprüche für eine Meditation verwendet werden. Dabei geht es vor allem auch um ein Wiederholen und ein seelisches Eindringen und Einfühlen in die entsprechenden Inhalte, damit sich die magischen Kräfte der jeweiligen Mantren offenbaren können. Diese Meditationen sollten aber nicht übertrieben werden. Wenn man sie zu lange und zu oft ausführt, können sie recht leicht den Menschen in seinem Wesensglieder-Gefüge beeinflussen und eventuell auch chaotisieren.

Weiter können Bilder, Symbole und Vorstellungen, wie Farben oder das Rosenkreuz-Symbol, wie auch ganze Zeitabläufe in Bildern, sogenannte Seelenreisen versuchen, in die tieferen Schichten der astralen Innen-Welten hineinzuführen.

Klänge und sakrale, meditative Musik kann hilfreich sein, um die Seele zu beruhigen und zu weiten.

Selbst Steine, Pflanzen und die Wesen der Natur, Tiere und Menschen, wie auch die Sterne und Planeten können als Meditationsinhalte zugezogen werden, jedoch sind dabei bestimmte Schritte zu beachten, die von der reinen

Wahrnehmung ausgeht, um sich anschließend eine innere Vorstellung oder nachsinnende Gedanken davon zu bilden, die dann wiederum eine seelische Empfindung hervorrufen können. Danach kann wieder die äußere Erscheinung betrachtet werden. Wie hat sich diese verändert durch das seelische Eindringen in das Objekt? So lernen wir allmählich die äußeren Erscheinungen mit einem vertieften Blick zu erspüren und zu sehen.

Durch Meditation erhalten wir eine seelische Stärkung und auch eine energetische Speisung. Dadurch wachsen wir allmählich in die geistige Welt hinein. Eine Geistbefruchtung kann geschehen. Der Geist der großen Welt und der Geist im Menschen erkennen und ergänzen sich, da im Menschen, im Mikrokosmos Mensch der Makrokosmos wie hinein-geheimnisst ist. Erlebe ich diesen großen, diesen makrokosmischen Menschen auch in mir und diesen wie einen wertvollen „Schatz", der mir vielleicht für lange Zeit verschlossen und unauffindbar war, so werde ich diesen auch immer mehr in der Außenwelt finden und erkennen können.

„Ich und das All sind eines nur. Das All ist in mir, von mir strahlt es aus". Dies zu meditieren kann uns zukünftig dahin führen, vor allem wenn wir diese Sätze kontemplativ erleben, einen Zusammenklang von Ich und Welt, von Mensch und Gott zu kreieren.

Nicht nur im „Einatmen", im Einnehmen und Verbinden mit dem Inhalt liegt die Kraft der Meditation, sondern zukünftig vermehrt auch im „Ausatmen", im Ausstrahlen, im Verschenken der inneren seelisch-geistigen Kräfte, wie der Liebe, der Weisheit und der Güte, die daraus erstehen können. Dies kann so weit gehen, dass der Mensch zukünftig Kohlendioxid einatmet und Sauerstoff ausatmen kann, wenn also der Mensch selbst innerlich so gereinigt und durchlichtet ist, dass er Negatives in sich hereinnehmen, innerlich verwandeln und Positives dafür ausströmen lässt. Auf diesem Wege wird der Mensch zum Heiler und auch zum Erschaffer einer neuen Welt. Um dies zu erreichen, werden wir aber noch lange Zeiten und viele Inkarnationen benötigen. Doch die Weisheit, die wir auch schon heute erringen und erfahren dürfen, wird uns allmählich dahin führen können. Ein abschließender Gedanke muss hier aber noch erwähnt werden. Im normalen Leben schützt uns eine innewohnende Weisheit, die noch von den Göttern stammt, dass wir unsere unbewussten „Leichen" in den seelischen „Kellern" nicht sehen. Wenn wir aber auf einem spirituellen Weg weiter fortgeschritten sind, müssen wir eine eigene, selbstständige Weisheit aufbringen, die sich an eine Auseinandersetzung mit den eigenen Schattenkräften, die dann immer sichtbarer werden, herantrauen kann. Der Hüter der Schwelle fordert von uns, dass wir diesen so lange wandeln und veredeln, bis wir mit ihm zusammen, nun in erlöster Weise, über die Schwelle in die geistigen Welt eintreten können. Das heißt mit anderen Worten, an unseren Mängeln, Versäumnissen, Ungereimtheiten und seelischen Abgründen müssen wir so lange arbeiten, bis diese reif werden, einem Höheren zu dienen. Bis dahin schützt der Hüter vor einem unreifen Übertritt, denn ungeläuterte Seelenkräfte würden im Übersinnlichen zu furchtbaren Monstern und Dämonen heranwachsen oder wären solchen Wesen ausgesetzt.

Eine Kosmologie des Menschen

Das Wort Kosmologie bedeutet eine Ordnungslehre. Ordnungen gibt es ja überall – in der Natur, in der Chemie, in der Physik, im Menschen, in Gesellschaften und in den Sternen- und Planeten-Welten.

Schauen wir zunächst auf die „Sternen"-Ebene mit den Fixsternen, den Planeten und der Erde, so ist da eine Dreiheit vorgegeben. Stern heißt im Griechischen Astra – und wenn wir nicht nur das Sinnliche der Sternenwelten betrachten, kommen wir eben auch in die Astral-Ebenen hinein, in denen seelische Kräfte wirksam sind.

Im Seelischen, in dieser Astral-Ebene, sind wir mit allem anderen Seelischen verbunden, denn nur der Körper trennt. Und so haben auch die Planeten, die Erde und die Sterne eine ihnen zugehörige Astral-Sphäre, die wiederum mit den Sphären der anderen Himmelskörper verbunden sind. Jedoch haben die jeweiligen Planeten und Sterne verschiedene Schwingungsebenen, da sie unterschiedliche Qualitäten, im Physischen, im Energetischen, wie auch im Seelisch-Geistigen aufweisen.

Der Mensch besteht entsprechend ebenfalls aus verschiedenen „Hüllen", nämlich dem bekannten physischen Leib, dem Äther- oder Lebensleib, dann dem Astral- oder Seelenleib und schließlich seinem Wesenskern, dem Ich. Zudem hat er noch die Möglichkeit, höhere Sphären und Glieder in sich zu entwickeln, die Geistselbst oder Manas (in indischer Terminologie), Lebensgeist oder Budhi und Geistesmensch oder Atman genannt werden, die er in zukünftigen Zeiten individuell ergreifen kann und soll. Das ist im Schöpfungsplan so vorgesehen.

Der Astralleib ist der Träger unserer Gefühle und Emotionen, unserer Triebe und Leidenschaften, sowie unserer Vorstellungen und Denkweisen. Dieses Astralische wirkt nun in den Ätherleib und darüber bis in den physischen Leib ein. Der Ätherleib enthält das Gedächtnis beziehungsweise auch das Unterbewusste, sowie unsere Gewohnheiten, Charakteranlagen und die tiefen Muster und Einstellungen, die wir im Laufe des Lebens zu bearbeiten haben.

Wenn nun viele ungeläuterte Seeleneigenschaften ausgelebt werden, kann dies mit der Zeit krankmachend wirken und dies vor allem, wenn eine entsprechende Planetenkonstellation im Kosmos beziehungsweise im Kosmogramm auftritt. Wenn zum Beispiel zu viel Mars-Energie und damit Aggressionen und Zornesausbrüche vorhanden sind, kann dies mit der Zeit zu Gallenbeschwerden führen. Denn die Planeten-Energien beeinflussen beziehungsweise sie zeigen an, was im Menschen in seiner biographischen Entwicklung anliegt. Denn schließlich hängt auf der Astral-, der Seelensphäre alles mit allem zusammen.

Diese Astralsphäre und dann auch der Astralleib im Menschen hat nun verschiedene Regionen, die den Planetensphären entsprechen. Dies nach dem hermetischen Prinzip: Wie oben, so unten, wie innen, so außen. Ich zähle die Regionen hier nur mit den entsprechenden Planeten auf:

Mond – Begierden, Merkur – Oberflächlichkeit, Lügen und Zerstreuungen, Venus – Wunschnatur, Sonne – Lust und Unlust, Mars – Eroberungs- und Wissenstrieb, Jupiter – Gemütshaftigkeit, Wohlwollen, Großzügigkeit, Weisheitsstreben und Bildung, Saturn – Disziplin, Ernst, Andacht und religiöses Streben.

Zu diesen Bereichen können entsprechende Organe und physiologische Prozesse erkannt und zugeordnet werden, aber auch die 7 Todsünden aus dem Mittelalter (Völlerei, Neid, Wollust, Trägheit, Zorn, Stolz und Geiz) und damit einhergehend entsprechende Charakterzüge und Krankheiten. Dazu später mehr.

Das menschliche Ich weist eine Beziehung zur Sonne auf, die Sonne ist ja Planet und Stern. Und so auch das Ich, es hat als „niederes" Ich astralen Charakter, als Wesens-Ich Sternen- und damit Geistcharakter.

Der Tierkreis und vor allem die Fixsterne sind dem heutigen Menschen ichhaft noch nicht wirklich zugänglich, da wir zumeist noch im subjektiven Seelen-Ich leben. Die Tierkreiskräfte können jedoch als Ideale und Weltanschauungen, als Möglichkeiten und Tugenden für unsere Ich-Entwicklung einwirken, wenn wir unser Kern-Ich, unser Sonnen-Geistes-Ich dafür öffnen. Die Sonne und damit unser „Ich bin" übermittelt die Tierkreiskräfte in unser Seelisches hinein und bewirkt da ein Ich-Erleben im Menschen.

Ich ergreife – Widder; Ich bewahre – Stier; Ich erkenne – Zwilling; Ich nähre – Krebs; Ich nehme wahr – Löwe; Ich analysiere – Jungfrau; Ich gleiche aus – Waage; Ich wandle – Skorpion; Ich strebe – Schütze; Ich strukturiere – Steinbock; Ich erneuere – Wassermann; Ich glaube – Fische.

Damit sind dem menschlichen Ich reichhaltige Wachstumsmöglichkeiten mitgegeben. Durch diese Tierkreis-Qualitäten im menschlichen Ich haben wir überhaupt erst eine Entscheidungs- und Freiheitsmöglichkeit.

Die Sonne und der Tierkreis, sie verweisen auf bestimmte moralische Qualitäten, die den geistigen Sphären entstammen, die aber im Astralischen, im Denken, Fühlen und Wollen, zum Wirken gebracht werden können. Und dies wiederum bestimmt unser kulturelles Niveau. In unseren Tagen erleben wir verstärkt eine Zeit der kulturellen Degeneration, weil es an moralischen Kräften und Tugenden mangelt, die eben aus der Geistsphäre beziehungsweise aus dem Sternenbereich entspringen.

Man meint heute allzu gerne, man hat ja die Menschenrechte, da sind unsere humanistischen und ethischen Verhaltensnormen abgelegt und das müsste reichen, wenn sich jeder daran halten würde. Die Kultur und darin die moralischen Qualitäten kommen aus der Geistsphäre und urständen in dieser und so müssen wir immer wieder einen eigenen Zugang in diese Sphären finden, denn die geistigen Welten lassen den Menschen in heutiger Zeit frei, das heißt, sie mischen sich nicht mehr in unsere Angelegenheiten ein, damit wir selbstständig, damit wir eigenverantworlich, sprich, erwachsen werden können.

Der Geist wirkt nur noch für uns Menschen, wenn wir uns in Freiheit für ihn öffnen wollen. In kultischen Ritualen und Zeremonien sind uns in vielen verschiedenen Beispielen in den unterschiedlichsten Kulturen Wege vorgegeben, sich diesem Geistigen öffnen und nähern zu können. Die Worte Kultur und Kultus sind ja nahe beisammen.

Dass der Geist des Humanismus umkämpft ist in heutiger Zeit, wird zum Beispiel im sehr geförderten Transhumanismus einsichtig. Und wie viele Menschen zelebrieren noch den christlichen Kultus – ihre Zahl schwindet mehr und mehr. Und doch sind kultische Verrichtungen nicht vergebens, denn was sich der Mensch geistig erarbeitet, das trägt er in die Zukunft, auch durch den Tod hindurch. Als sich die ersten Christen in Rom in ihren Katakomben vor der römischen Staatsmacht verstecken mussten, weil sie verfolgt und viele umgebracht wurden, hat wohl niemand gedacht oder geahnt, dass ein paar Jahrhunderte später das römische Imperium zerfiel und das Christentum erstarkte.

Und so ist es auch mit dem Humanismus, dem Menschlichen und Menschheitlichen. Heute überwiegen noch Nationalismen, ethnische Differenzen, Kulturkämpfe, sowie der Materialismus mit seinen Normen, Dogmen und Ansprüchen, die übersinnlichen Bereiche und Ebenen werden darin zumeist negiert. Doch in zukünftiger Zeit, in einigen Jahrzehnten oder Jahrhunderten, wird von diesen materialistischen Auswüchsen nicht viel übrig bleiben, weil das, was heute noch im Kleinen, aber aus einem lebendigen Geist heraus wirkt, immer stärker werden wird, da sich eine materialistische und geistferne Weltanschauung mit der Zeit selbst zerstören wird. Und wenn das auch nur durch den Klimawandel und Ähnlichem geschieht, der ja selbst ein Resultat unserer wissenschaftlich-technischen Erfindungen und Ergüsse ist.

Nun möchte ich noch auf ein Zeitphänomen hinweisen, das sich in der esoterischen Szene vermehrt ausbreitet, das sogenannte Channeling beziehungsweise wenn durch ein Medium gewisse Geistwesen sprechen und uns Menschen belehren wollen. Vorher sagte ich, dass der Mensch bewusstseinsmäßig nicht so leicht in die Geist- beziehungsweise in die Fixstern-Sphäre aufsteigen kann, ohne dass er zuvor eine Einweihungs-Schulung und Prüfung durchgemacht hat. Auf diesem Wege muss sich das niedere Ich läutern, damit es reif werden kann für das höhere Ich. Das Sonnen-Ich, der innere Kern der Persönlichkeit, das „Ich bin" vermittelt hier zwischen dem Niederen und dem Hohen, so wie dies bildhaft im Kampf des Michael mit dem Drachen dargestellt ist. Der Zeitgeist Michael stärkt unser Ich von Innen her, wenn wir seine Geist- und Liebes-Impulse in uns aufnehmen wollen. Dabei soll das Niedere nicht gemieden oder getötet werden, viel eher soll es gewandelt und veredelt werden, damit das menschliche Ich einmal zum Träger des höheren Ich, seines wahren Ichs gereichen kann. Wenn unser Ich bewahrt bleibt und nicht „getötet" oder aufgelöst wird, können wir damit besser unterscheiden, mit welchen „Geistern" wir uns tatsächlich einlassen.

So gibt es in unserer Zeit mannigfache Channelings, zum Beispiel von Wesen aus der Sternenregion der Plejaden, dem Siebengestirn, das man am Nachthimmel beobachten kann. Im Kosmos sind die Sterne aber nicht so nah beieinander, wie diese am Himmel erscheinen, wenn wir sie von der Erde aus beobachten, denn da sind die Entfernungen der Einzelsterne im räumlichen Sinne viele Lichtjahre voneinander getrennt. Sie bilden da keine wirkliche Einheit und doch haben die Tierkreis- und Sternenbilder bestimmte Kräftewirkungen, wie sie

noch die „alten" Astronomen und Astrologen der Babylonier und Ägypter geistig wahrnehmen konnten. Von den Plejaden habe ich nun kein zusammenfassendes Bild oder eine geistige Entsprechung gefunden, nur für einzelne Sterne daraus. Und da vom Hauptstern, von Algol: er liegt bei 26 Grad im Stier-Tierkreisbereich, eben im Sternbild der Plejaden. Der arabische Name Algol bedeutet: Kopf der Dämonen. Damit ist der Kopf der Gorgone Medusa gemeint, so wie diese in der griechischen Mythologie geschildert wird. Algol steht dann für bestimmte Dunkelkräfte, die Illusionen schüren und Lust am Verführen haben. Das sollten wir doch bedenken, wenn wir leichtgläubig irgendwelchen Eingaben folgen. Dies zum Beispiel auch von den Sirianern, also vom Sirius in 14 Grad Krebs. Sirius ist der „Strahlende" und er ist der hellste Stern am Frühlings-Nachthimmel. Daraus wirken die Meister des göttlichen Planes, die also den göttlichen Plan für den Kosmos lehren und ausgestalten – oder aber dagegen arbeiten - und dies über Menschen, die in ihrem persönlichen Horoskop schwierige Planeten-Aspekte zu diesen 14 Grad Krebs, folglich zum Sirius aufweisen. Sirius erscheint ja als ein Doppelstern. Da kann dann durchaus eine Polarität angenommen werden; wie ja auch der Sternenhimmel nicht nur einseitig und gut ist. Da gibt es Explosionen, Vernichtungen, Neugeburten und so weiter. Er erscheint nur in unseren Zeitbegriffen als beständig und fest. Zudem kennt die Geistesgeschichte, wie überhaupt der Okkultismus, auch einen Himmelsdrachen.
Der Kosmos ist weit und groß, für uns unermesslich, denn unsere Seele reicht zunächst nur in unser

Sonnensystem bis zum Saturn, der die Grenze der Astralwelt zur geistigen Welt, zum sogenannten Devachan bestimmt und der darauf achtet, dass niemand Unwürdiges in die geistigen Sphären hineinkommen kann. Uranus, Neptun und Pluto sind Planeten und Energien, die eine Brücke bilden können, die heute aber zumeist noch im Kollektiven wirken, aber mit zunehmender menschlicher Reife auch individuell einwirken und gelebt werden können.

Nun müssen wir aber noch den Bereich des Lebendigen, den Ätherleib des Menschen hinzunehmen.

Die Äthersphäre ist vierfach aufgebaut, entsprechend den vier Zuständen der Sonne:

Lebensäther – Sonnenwind - entspricht im Leib der
　　　　　　Fortplanzung, den Genen, der Information

Klangäther – Corona - entspricht im Leib dem
　　　　　　　　　　Stoffwechsel

Lichtäther – Photosphäre - entspricht im Leib der
　　　　　　　　　　Reaktion

Wärmeäther – Chronossphäre - entspricht im Leiblichen
　　dem Wachstum und dies bei Mensch, Tier und Pflanze.

Der Ätherleib wirkt im Menschen vor allem über die Drüsen in den physischen Leib und seine Organe hinein. Tagsüber, im Wachen, wird der Ätherleib vom Astralleib durchzogen und impulsiert. Dieser beeinflusst dann über den Ätherleib die Drüsen und die Drüsen steuern wiederum den physischen Leib mit seinen Organen. Der Astralleib selbst wird von den Chakren belebt. Die unteren Chakren haben mehr eine Leib- und Erd-Ausrichtung, die oberen mehr zum Seelisch-Geistigen hin. Die Mitte bildet das Herz-Chakra.

Ist die Astral- und Seelensphäre des Menschen schlecht ausgebildet, überwiegen also noch die unbewussten und niederen Seeleneigenschaften, so verkümmern oder entarten diese Chakrenblüten, die Lotusblumen. Eine Chakrenarbeit bedeutet daher vor allem eine Erkenntnis- und dann auch eine Läuterungsarbeit, wenn auch heute oftmals noch versucht wird, mit allerlei äußerlichen Maßnahmen, wie Farben, Klängen, Körperstellungen und Ähnlichem, eine Gesundung herbeizuführen. Doch das wird für eine wirkliche Gesundung nicht wirklich helfen, zumindest nicht auf Dauer gesehen.

Dieses Verständnis über eine grundlegende Ordnung der leiblich-seelischen Glieder des Menschen kann nun für eine Therapie und Heilung sehr nützlich sein, so wie ich dieses Ansinnen im nächsten Abschnitt noch etwas vertiefen möchte.

Bevor ich darauf näher eingehe, will ich erwähnen, dass die obigen und auch die folgenden Angaben doch sehr bruchstückhaft wirken müssen, da die Kosmologie und auch die Therapie ein riesiges Feld der Erfahrungen und des Wissens beinhaltet, das hier nur sehr kurz angeschnitten werden kann. Dies bitte ich zu berücksichtigen. Die einzelnen Gedanken hieraus sollen auch nur anregen, damit sich der Leser davon inspirieren lässt, um daraus vielleicht eigene Erkenntnisse entwickeln zu können.

Therapie als Kunst – Kunst als Therapie

Eine wirkliche Heilung beruht letztlich auf einem Stufenweg, der analog zum christlich-sakramentalen Kultus verläuft, so wie ich dies hier kurz beschreibe.
Diese Stufen lauten bekanntlich:
1. die Offenbarung oder Verkündigung. Da geht es um Einsicht und Erkenntnis über die Ursachen und die Auswirkungen von Krankheiten, Krisen und Disharmonien.
2. die Opferung. Da geht es um ein Loslassen und Opfern von alten Gewohnheiten, Mustern, Einstellungen und schlechten Charaktereigenschaften, die eben krankmachend wirken.
3. die Wandlung. Es gilt, sich auf ein Neues, sich auf ein Gesundes auszurichten, das aber zumeist erst noch gefunden werden muss. Und dies nicht nur einmal, denn alte Gewohnheiten müssen immer wieder angeschaut und überwunden werden. Oftmals ist damit ein innerer Kampf verbunden, der nicht ohne Vergebungen, sich und anderen gegenüber und der Liebe für eine gesunde und lebensfördernde Welt gewonnen werden kann.
4. die Kommunion. Eine innere Vereinigung, eine Kommunion mit dem neuen Lebensentwurf schenkt erst eine wirkliche Heilung.
Diese kultischen Stufen werden im christlichen Sakrament der Eucharistie gepflegt und zwar nicht nur für die daran Teilnehmenden, denn Christus verbindet sich darin mit der ganzen Erde. Das Sakrament von Brot und Wein beziehungsweise von Leib und Blut und damit für Körper und Seele, wirkt bis in zukünftige Zeiten der

Erd-Entwicklung verwandelnd und vergeistigend ein. Der sakramentale Kultus trägt und baut an einer zukünftigen Erde mit. Das sollten wir nicht vergessen.

Nun will ich noch etwas näher auf die Wandlungsphase eingehen. Wie erzielt man eine Wandlung?

Gerade wenn man krank und erschöpft ist, ist das nicht so einfach. Wie kann man eine Neuausrichtung, einen neuen Weg finden, wenn man gerade durch die Krisen und Krankheiten ziemlich fertig und am Ende ist?

Wandlung geschieht durch Kunst, durch ein schöpferisch werden. Und da sind wir ein Stück weit beim Lebenskünstler angekommen. Kunst ist ja, im Allgemeinen ausgedrückt, der Ort im Weltall, wo etwas Neues, eine neue Schöpfung entsteht, was es vorher so noch nicht gegeben hat. Die einzelnen Kunstdisziplinen fördern diese Schöpferkraft. Anwenden können wir sie dann im gesamten Leben, im Alltag, im Beruf und bei der Gestaltung unseres zwischenmenschlichen Zusammenlebens.

Überall dürfen wir Schöpfer werden, unser Leben und unsere Erdenaufgabe darf schöpferisch angenommen und gestaltet werden. Dadurch wird man freier von seelischen Eigenheiten und von den niederen menschlichen Neigungen und Hürden.

Ein künstlerischer Prozess vollzieht sich jedoch nicht beliebig; da ist eine gewisse Gesetzmäßigkeit zu beachten, so wie diese Joseph Beuys oder auch Friedrich Schiller an- und ausgesprochen haben.

Beuys unterscheidet dabei drei Ebenen: Chaos, Kosmos und die Bewegung beziehungsweise die Begegnung dieser gegensätzlichen Pole. Schiller sprach in diesem Zusammenhang vom Stofftrieb auf der einen Seite und polar dazu vom Vernunfttrieb. Dazwischen vermittelt der sogenannte Spieltrieb.

Im Chaos urständet unsere Phantasie, der alchemistische Sulphur-Wärme-Prozess. Im Kosmos wirkt Vernunft, unser Verstandes-Denken und die Welt der Ideen, der Sal-Prozess. Die Vermittlung geschieht in einer spielerischen Begegnung, zumeist im Gefühl, im Mercurius-Prozess. Damit ist ein inneres Geschehen verbunden, das ich versuche, hier nun etwas näher zu beschreiben. Jedoch, das ist nicht ganz einfach.

Eine Begegnung von Denken, Vernunft und Idee mit dem chaotischen „Seelenmaterial" kann erst geschehen, wenn wir mit den einzelnen Ebenen unseres Seelenseins bewusster umgehen lernen. Eine Kunst, die von der Idee, die von einem Gedanken ausgeht, wird im Kunsthandwerk erschaffen. Eine Kunst, die vom „Bauchgefühl", vom chaotischen Potential ausgeht, hat die Möglichkeit zur Transformation, wenn sie das „Chaos" mit Vernunft, mit Geist durchdringt und dies eben in einem spielerischen Sinne.

Wenn die Substanz, der Inhalt, auch der seelische, also das „chaotische Material", in phantasievoller Weise mit dem Formhaften, mit der innewohnenden, der zu erringenden Idee übereinstimmt, so empfinden wir dies als schön. Dahin soll und kann uns die Kunst hinführen. Doch dazu sind gewisse Vorkehrungen zu treffen, zum Beispiel, dass bestimmte Meditationen und innere Sammlungen vorgenommen werden, denn die Kunst beinhaltet immer auch einen Entwicklungsweg. Ohne einen spirituellen Schulungsweg zu beschreiten, bleibt die Kunst allzu leicht nur im Irdischen, im Zeitlichen, im

Psychologischen, Politischen und Materialistischen begrenzt. Um eine sakrale Kunst und damit eine zeitlose Kunst erschaffen zu können, müssen dafür die seelisch-geistigen Voraussetzungen erkannt und geübt werden. Ein meditativer Weg ist damit verbunden.

Unser Denken entspringt der Ätherwelt, dem Lebendigen. Erst die Gedanken sind wie Schatten einer Welt, die nur in unseren Vorstellungen existiert. Das Denken kann jedoch rein und lebendig werden, wenn wir ohne Inhalt, rein das Denken wahrnehmen und wir uns soweit darin öffnen, bis sich darin allmählich ein Weltendenken offenbaren kann.

Unser Fühlen lebt dagegen in der Astralwelt und ist zumeist subjektiv erlebend. Schweigt unser subjektives Empfinden, so kann sich mit der Zeit die Weltenseele, ein Welt-Erfühlen in uns offenbaren; die Seele der großen Welt fühlt dann in uns.

Und im Wollen lebt schließlich unser Ich. Dieses ordnet, führt und erweitert das Seelische, die astrale Welt, aber auch unseren Eigenwillen, wenn wir sprechen lernen: Der Weltenwille will und wirkt in mir.

Darin zeigt sich ein meditativer Entwicklungsweg, der zu einem schöpferischen Menschen hinführen will. Von Rudolf Steiner gibt es dazu einen bemerkenswerten Satz: „In dem Augenblick, wo das reine Denken als Wille erlebt wird, ist der Mensch in einer künstlerischen Verfassung".

Das reine Denken, ohne Inhalt, verbindet sich in einer spielerischen Bewegung mit den Herzkräften; das Herz ergreift daraufhin, in ichhafter Weise sich hin und her bewegend, den Willen und damit die Phantasie und das, was noch unbewusst in den Tiefen des Menschen liegt. Das Ich erlebt und ergibt sich dabei über das reine Denken und einem Denkwillen den inneren Impulsen, die aus den Willensregionen aufsteigen.

Der Wille im Menschen wirkt ja im Unbewussten, er ist uns nicht bewusst, denn er ist auf die Zukunft ausgerichtet, er kommt uns sozusagen aus der Zukunft entgegen, aus der Astralwelt als subjektiver Inhalt, der zum Beispiel im Leiblichen als Begehren wurzelt und sich in seelischen Wünschen äußern kann oder aber als Weltenwille, der uns aus der Zukunft, nun mehr von außen entgegenströmt. Dieser ist ein makrokosmischer beziehungsweise ein sozialer Wille, der über das Persönliche, über den Eigenwillen hinausgeht. Und das macht wirkliche, die Zeit überdauernde Kunst aus, die dann auch in das soziale Leben einfließen soll.

Damit ist nun ein schöpferischer Weg vorgezeichnet, den ich hier, den Kunstprozess zusammenfassend, noch als ein meditatives Geschehen beschreiben will.

Wir sollten also zunächst einmal wegkommen von festen Vorstellungen, von vorgefertigten Inhalten und Begriffen, die im Astralleib wirken, also weg vom Kopfdenken und dies über ein sinnlichkeitsfreies, spiritualisiertes Denken, hin zu einem reinen Denken ohne Inhalt. Dieses reine Denken dürfen wir beobachten und dann in den Herz- oder Gefühlsbereich einsenken. Da können wir mit unserer Aufmerksamkeit, unserem gelenkten Denken und Bewusstsein das innere Leben und Fühlen wahrnehmen, das eine Wärme-Qualität besitzt und dem Denken eine Wärme schenkt, woraus ein Herzdenken entspringen kann. Das reine Denken bekommt hier also einen Wärmecharakter.

Nun können wir damit noch tiefer in die Lebenssphäre, in das ätherische Leben eintauchen, woraus das reine Denken entspringt beziehungsweise worin es seinen Ursprung hat. Und da kann es sich mit den Willenskräften verbinden, also einen Denkwillen ausbilden, der aber nicht in sich stecken bleibt, sondern der hinausstrebt in die Welt, hin zu einem höheren, zu einem Weltenwillen, in dem sich das Weltendenken offenbaren kann. Dadurch entwickeln wir mit andauernder Übung ein intuitives Denken, das sich ganz in den Umkreis einleben kann.

In diesem Umkreis kommt uns unser Schicksal entgegen und damit auch unser höheres Ich. Wir erfahren in der Intuition, im Einleben in den Umkreis, in die große Welt letztendlich den Weltenwillen und den Weltenplan.

Schließlich bedeutet dieser Weg ein Verwandeln des vorstellenden Denkens, des subjektiven Fühlens und des Eigenwillens mithilfe des reinen Denkens.

Wenn wir uns in der Meditation auf einen spirituellen Inhalt konzentrieren, erlösen wir unser Denken von den Alltagsgedanken. Wenn wir dann auch noch den meditativen Inhalt weglassen und wir nur noch die reine Denktätigkeit wahrnehmen und beobachten, so bemerken wir, dass diese strömend sich erweitert. Zunächst zum Herzen und zu den eigenen Gefühlen und zu denen der Welt hin. Wenn wir auch noch diese loslassen, so sinkt das reine Denken in die Willensregionen hinab. Da gilt es nun, jeglichen Eigenwillen zu opfern. Da macht das reine Denken einen Todesdurchgang durch, was in der meditativen Arbeit die schwierigste Aufgabe ist. Jedoch kann erst in dieser entstehenden Leere der Weltenwille offenbar werden.

Denken, Fühlen und Wollen sind Tätigkeiten im Astralleib des Menschen. Im reinen Denken, wenn das Astralische und Seelische schweigt und wenn unser Bewusstsein im reinen Denken mit diesem mitgeht, dann kommen wir bewusstseinsmäßig, also wahrnehmend in die Äthersphäre und in den Ätherleib hinein – und da kann man den wiederkommenden Christus wahrnehmen, der von da aus seine Impulse in die Welt schicken will.

Dahin kann und darf ein künstlerisches Schaffen schließlich hinführen. Von Christus strömen die Kräfte des Friedens, der Liebe und der Versöhnung aus, die wir in heutiger Zeit so dringend brauchen.

Doch müssen wir heute einen erneuten Zugang zu ihm finden, weil die alten Wege der Lehre und des Glaubens verlöschen und der heutige Mensch selbstbestimmt und eigenverantwortlich seinen Weg beschreiten will. Mit dem Denken, das zu einem reinen Denken sich steigern kann, finden wir nun einen Weg, auf dem wir immer wach, ichbewusst und eigenverantwortlich handeln können. Und dies am besten in einem guten Sinne mit einem guten Geist: mit dem Geist des Wahren, Schönen und Guten.

Darauf wollte ich hier nur hinweisen, denn ohne einen guten Geist, in sich und in der Welt zu fördern, werden die kommenden Zeiten nicht wirklich zu bestehen sein.

Somit hat hier jeder Einzelne sehr wichtige Wirkens-Möglichkeiten zur Gesundung und Heilung unseres gesamten Seins, die wir nicht unterschätzen sollten.

Dem Ruf des Geistes folgen

In unseren Tagen wimmelt es ja von Angeboten für eine Selbst-Optimierung, sei es durch Yoga, Tanz, Channeling, Meditation, Coaching, Trauma- und Heilarbeit und vielem mehr. Wo ist da aber ein wirkliches Interesse für das Geistige, für die geistige Welt zu finden, denn eine „Wellness-Esoterik" verbleibt meistens doch nur im Seelischen und Persönlichen begrenzt.

Sicherlich, man wäre durch solche Angebote und Maßnahmen gerne erfolgreich, gesund oder gar erleuchtet beziehungsweise wird da öfters von einem Erwachen gesprochen, wenn man sich zuvor durch eine Trauma- und Heilungsarbeit von altem Karma, von der sogenannten Matrix befreit hat, die uns im alten System der gesellschaftlichen Konditionierungen gefangen hält. Doch geht es bei solchen Angeboten des öfteren auch um ordentliche Geldbeträge, die der Klient zu bezahlen hat, wenn er sich der Hilfe eines Coach's, eines Schamanen oder eines Heilers anvertrauen will, um sich bedienen und behandeln zu lassen.

Gewiss, eine seelische Aufarbeitung, also der Ursachen unserer Einseitigkeiten und Krankheiten, ist notwendig – und da gilt es auch in sein Inneres und in die Vergangenheit zu schauen, aber damit erreicht man noch nicht die Sphären des Geistigen, aus denen wahre Gesundheit für ein sinnvolles Leben entspringt.

Der Geist heilt die Seele und die Seele den Leib, also sollten wir bei leiblichen Gebrechen natürlich auch auf das Seelische achten und bei seelischen Komplexen und

Neurosen die geistigen Ebenen kennenlernen. Doch wie kommt man zum Geist beziehungsweise zur geistigen Welt?

Gerne wird ja gesagt: Du musst nach Innen schauen, alles ist in dir. Meistens findet man da zunächst aber nur subjektive Wünsche, Begehrungen und Triebhaftigkeiten und so ist es überhaupt schon einmal gut, wenn wir da eine gewisse innere Ruhe und Stille erreichen können.

Die geistige Welt mit ihren Wesen und Kräften, sie ist vor allem im Umraum, sie umgibt uns und manchmal strömt davon auch etwas in unser Seelisches hinein, vor allem, wenn wir Ideale erschaffen oder wenn wir auf unser Gewissen achten lernen. Das heißt mit anderen Worten, wir müssen uns schulen, um gewisse Ideale wie die Toleranz, die Geschwisterlichkeit, die Achtsamkeit, eine Hilfsbereitschaft, aber auch eine Schicksalsergebenheit und dann auch eine gewisse Objektivität im Seelischen erreichen zu können. Damit wachsen wir allmählich zu unserem inneren geistigen Lehrer und Führer hin, denn dieser kann nur in uns einwirken, wenn wir uns strebsam und ausdauernd bestimmten geistigen Zielen und Qualitäten zuwenden wollen.

Dazu ist es aber nötig, dass wir aus unserem subjektiven Empfinden, aus unserem allzu persönlichen Sein, auch aus unserem inneren Wohlgefühl und unserer Selbstbehauptung austreten, um sich wie von Außen als ein „Objekt" wahrnehmen zu lernen, so wie dies eben auch unser Engel tut. Schauen wir wie von Außen auf uns hinein, so generieren wir mit der Zeit ein Engel-Bewusstsein, das heißt, unser Engel beginnt mit uns zu schauen und so können wir auch hinausschauen, hinaustreten in die Welt, damit wir ganz in die umgebende Welt und damit auch in andere Menschen, Tiere und Pflanzen eintauchen, um sich mit ihnen innerlich verbinden und vereinen zu können. Dadurch entsteht erst eine echte Welt-Erfahrung.

Rudolf Steiner hat dazu ein Meditations-Mantra angegeben, das ich hier in Kurzform wiedergebe: „Es denkt … sie fühlt … er will".

Es denkt: das Welten-Denken denkt in mir – dies kann noch erweitert werden zum: „Das Welten-Denken denkt mich". Im Welten-Denken ist Geist, ist heiliger Geist. Zu diesem dürfen wir uns hinwenden und bitten: „Komm heiliger Geist". Unser Denken wird dadurch immer geistvoller.

Sie fühlt: die Welten-Seele fühlt in mir – dies kann erweitert werden zum: „Die Welten-Seele webt in mir, sie webt mich". Auch kann dazu gesprochen werden: „Christus ist in mir" und „ich bin in Christus". Unser Fühlen fühlt den Welten-Geist, der sich in der Welten-Seele offenbart.

Und schließlich vom: Er will in mir, also dem: „Der Welten-Wille will in mir" zum: „Der Welten-Wille wirkt mich". Dies führt schließlich einmal zum: „Ich und der Vater sind eins".

Damit ist ein sehr weiter Weg verbunden vom subjektiven Ich, vom Ego beziehungsweise vom Subjekt zum großen Ich, zum Welten-Ich. Sicherlich ist dies ein sehr hoher und weiter Weg, bis wir dies auch erreichen und dann auch sprechen können: „Ich und der Vater, der Geist sind eins".

Doch zunächst geht es ja darum, dass wir uns überhaupt

im Geist erleben, dass der Geist in mir, in meiner Seele zu leben und zu wirken beginnt, damit wir im weiteren das Geistige immer stärker in der Welt, in Steinen, in Pflanzen, in Tieren und Menschen, bis hin zu den Planeten und Sternen erleben und wahrnehmen lernen. Und wie wäre dies möglich, ohne Hingabe, Liebe, Ehrfurcht und Devotion an und für den Geist? – Eben gar nicht, das sollten wir doch bedenken.

Den Ruf des Geistes vernehmen beziehungsweise ein Rufer für den Geist in heutiger, materialistischer Erden-Zeit zu sein, vielleicht beinhaltet das auch, dass er, wie Johannes der Täufer, ein Rufer in der „Wüste" ist?

Gewiss, als geistig strebender Mensch kann man sich im modernen Alltagsleben wie in eine geistige Wüste versetzt vorkommen.

Die natürliche Wüste ist ja ein Ort, wo das Physisch-Sinnliche nicht mehr wirklich trägt, weil es da kaum mehr etwas Lebendiges gibt und daher das sinnliche Leben auch nicht mehr fesseln und klammern kann. Eigentlich will da niemand gerne sein. Jedoch, der hohe Sternenhimmel weitet in den Wüsten dieser Erde sein nächtliches Blickfeld in den weiten kosmischen Raum.

Der Ruf des göttlichen Geistes für die Welt kommt eben nicht aus einem allzu persönlichen Wissen und Können hervor. Ein Rufer für den Geist spricht aus, was ihm die Sterne auftragen, was ihm der Geist mitteilen will. Doch wie viele Zeitgenossen wollen seine Mitteilungen hören? Wie viel Interesse besteht unter den Menschen für den lebendigen Geist? Oder begnügt man sich lieber mit seelischen Wohlgefühlen, die uns eine seichte Spiritualität verspricht?

Wirkliche Geistsucher sind rar. Rudolf Steiner, selbst ein hoher Verkünder des Geistigen, hatte einmal ausgesprochen: Von Zeit zu Zeit wirft die geistige Welt ihre Netze aus – doch es war nichts darin.

Und doch oder trotzdem, ein Versuch ist es immer wert und so deute ich einen Weg an, den wir heutige Geistsucher beschreiten dürfen, wenn wir uns in meditativer Hingabe dem lebendigen Geist zuwenden wollen.

Zunächst: das Kronen-Chakra öffnet sich nach oben zum Geist. In Liebe, Ehrfurcht, Achtsamkeit und Wachheit tritt das Bewusstsein in den offenen „Sternen-Raum",

- im Stirn-Chakra wird das Denken zum Beobachter, es nimmt bewusst wahr, ohne jedoch selbst einzuwirken. Das Denken wird zum Wahrnehmungsorgan, wenn es sich auf die nicht-sinnlichen Welten der Sternen-Sphären ausrichtet, auf die Engel-Welten, auf das Welten-Denken beziehungsweise über das Kronen-Chakra zum Geiste hin. „Komm heiliger Geist" - Stille, Lauschen, nichts erwarten – eine „Botschaft" wird kommen, nicht immer sofort, aber bestimmt die nächste Zeit.

- das Hals-Chakra öffnet sich für die Mit-Welt und das Herz-Chakra bildet eine Schale und empfängt, was vom Geist herein-strahlen will.

Die Herzensliebe schenkt die seelische Wärme, die der Geist braucht, um sein Geisteslicht, um seine Wahrheit offenbaren zu können.

Solche Übungen erfordern Kraft, Wille, Konzentration und Ausdauer. Doch sie gewähren mit der Zeit ein seelisches Wachsen und Gesunden. Der Geist heilt die Seele. Und seelisch gesunde Menschen braucht die heutige Zeit nötiger und mehr denn je.

Jeder Einzelne, der sich für das Geistige öffnen will, wird daher gebraucht, vor allem, wenn er sich für das Gute einsetzen will und wenn er positiv zu denken lernt. Das heißt aber nicht, alles nur schön färben zu wollen. Aber in allem, auch im Schlechtesten dürfen wir noch etwas Positives und Gutes sehen lernen. Das ist letztlich eine echte Lebenskunst.

Die geistige Welt ist immer bereit, uns zu helfen, wenn wir uns ihr gegenüber öffnen können. Die „Wand" zur geistigen Welt wird ja immer dünner, das heißt, die geistige Welt kommt uns in heutiger Zeit immer näher. Daher erleben wir so viel Aufruhr, denn dadurch werden die Gegenmächte nervös und müssen versuchen, ihr Treiben und ihre Agenda zu stärken und festzuhalten.

Über die ätherische Welt, über das Lebendige, das aus dem weiten kosmischen All in des Menschen Ätherleib herein-wirkt, kommt die geistige Welt beziehungsweise es kommt der auferstandene und der wiederkommende Christus näher zu uns heran. Wollen wir uns ihm zuwenden, so müssen wir zuvorderst ein Gespür bekommen für das Lebendige, in uns und in der großen Welt – in der Pflanze, in der Natur und im weiten All.

Gerne träumt man ja von einem besseren Leben für sich – mit mehr Erfolg, Glück und persönlichem Wachstum. Doch dabei sollten wir uns immer auch noch fragen, was unsere Motivation dafür ist. Um wirklich dem Geistigen und nicht nur persönlichen Wünschen folgen zu wollen, sollte man sich eine bestimmte Vorgehensweise überlegen und seine Wünsche und Motive selber befragen, aus welchem „Geist" sie denn entspringen!

Damit ist ein Stufenweg verbunden, denn es genügt

nicht, einfach nur zu fragen und zu bitten und dann auf Antworten zu warten. Diese Stufen lauten: Was, wohin, warum und wie.

Zunächst die Frage: was ist mein wirkliches Anliegen und was will ich damit erreichen und wohin soll es führen?

Und dann: wenn das Warum und Wozu aus einer Herzens-Sehnsucht entspringt und wenn das Was und Wohin, das Ziel zum Beispiel eine Initiation, eine Berührung und Einführung in die geistige Welt bedeutet, dann darf man immer auch noch fragen:

Warum will ich mich an die geistige Welt wenden? Aus persönlicher Schwäche, aus Neugier oder echtem Interesse? Was ist mein wirkliches Anliegen? Was will ich damit erreichen und wo soll dies hinführen?

Und schließlich das Wie: wie soll und will ich mich hingeben, wie will ich empfangen? Wie nähere ich mich der Wiederkunft Christi? Und wie will ich das Erfahrene umsetzen?

Wenn das Wie mit offenem Herzen, mit Freude und Liebe geschieht, dann kann ein Gnadenakt geschehen, denn dann kommt Liebe mit Liebe zusammen – die menschliche Liebe und die Gottesliebe werden sich vereinen. So kann man sich der Gnade der geistigen Welt würdig erweisen - sie beginnt dann in uns zu wirken.

Unser Denken, das Denken nach „oben" wird zum Schauen, wenn es aus dem Leiblichen austreten und dem Licht des Geistes entgegenstreben kann.

„Werde Licht im Denken, dann kommt das Licht zu Dir. Auferstehe im webenden Geist, damit die Liebe einziehen kann. Und: Wirke im und mit dem Geist, baue eine „Hütte" im Geistgebiet, suche und finde einen Ort im Geistigen, über das Kronen-Chakra hinaus, von dem aus Du die geistige Welt betreten und erkunden kannst". Von da aus kann das Stirn-Chakra mit der Taube, mit dem heiligen Geist geöffnet werden. Das sogenannte dritte Auge führt und erhellt sodann. Das geöffnete Herz nimmt an, der Christusgeist wirkt in Liebe ein und kann darin zu walten beginnen.

In den und über die unteren Chakren öffnet sich die Seele für die Lebenskräfte, die von der Erde ausströmen, wenn unser Wille bis zu den Tiefen der Erde hinabreicht, um mit einer treuen Schicksalsergebenheit den großen Willen, den Willen des göttlichen Vaters erkennen zu lernen.

„Ich und der Vater sind eins". Dazu lädt der Ruf des Geistes ein.

Der ganze Mensch, der Mensch nach Leib, Seele und Geist, wird so allmählich zu einer Wirklichkeit, die seinem geistigen Ebenbild zukünftig einmal entsprechen wird. Der ganze Mensch, das ist der große, der weite, der kosmisch-irdische Mensch, der sich in Christus, im Auferstandenen quasi einen Prototyp erschaffen hat. An diesem können wir uns ausrichten. Er wird uns als innerer geistiger Lehrer und Begleiter durch alle Gefahren und Abgründe der Seele und des Irdischen sicher, liebe- und weisheitsvoll hindurchführen können, wenn wir uns seinem Geist in Liebe, Ehrfurcht und Hingabe zuwenden.

In diesem Sinne, Gottes Segen und viel Glück.

Spirituelles Christentum

Die Religionen haben es heutzutage auch nicht mehr so leicht, dies ganz allgemein gesagt. Durch Missbrauchs-Skandale, durch fanatische, engherzige, dogmatische und terroristische Abirrungen schaden sie sich selbst. Gewiss, die Menschheit braucht eine Ethik und einen Humanismus mehr denn je, weil die unmoralischen und zerstörerischen Kräfte ansonsten immer stärker werden.

Aber genügt hier schon eine von Menschen erdachte und gemachte Ethik oder braucht es dazu noch der Mithilfe geistiger Wesen, so wie diese in den Religionen verkündet und angesprochen werden?

Der Mensch trägt ein religiöses Urbedürfnis in sich, nämlich die Hinwendung und Rückverbindung zu den Welten der Götter und zu Gott, aus denen er ursprünglich entstammt. Nur ist dabei zu beachten, dass dieses Religiöse selbst einer Entwicklung und damit bestimmten Stufen unterliegt, so wie ich dies im Folgenden für das Christentum herausarbeiten will. Dabei werde ich immer wieder auf die geisteswissenschaftlichen Forschungen Rudolf Steiners zurückgreifen.

Dieses Christentum besteht ja nicht erst seit 2000 Jahren; nur die christlichen Konfessionen haben sich seither herausgebildet. Vom Anbeginn der Entwicklung der Menschheit wird diese von Christus begleitet, der auch schon vor dem Mysterium von Golgatha in übersinnlichen Welten bestimmte Opfertaten vollbrachte, damit sich die Menschheit so weit entwickeln konnte, dass sie zum Beispiel die Sinnes-Organe, wie überhaupt das Organgeschehen in selbstloser Weise gebrauchen kann und dass unser Denken, Fühlen und Wollen harmonisch zusammen-arbeitet. Auch schon vor der Zeitenwende können Einflüsse vom Einwirken des Christus-Wesens, zum Beispiel bei Melchisedek, im indischen Krishna, im persischen Ahuro Mazdao, im griechischen Apollon wahrgenommen werden, als da der Sonnengeist Christus noch mehr von Außen, von der Sonne her auf die Menschheits-Entwicklung einwirkte – bis er sich im Jesus von Nazareth zur Zeitenwende selber in einem Menschen, in den drei Jahren seiner Erdenwirksamkeit hineinbegab, um im Mysterium von Golgatha ein weiteres Opfer zu vollbringen, das unser Ich unabhängiger von natürlichen Wetter- und Umwelteinflüssen machte.

Zudem erfolgte im 19. Jahrhundert ein Opfer in der astralen Welt und da im Bereich der Verstorbenen, weil diese Welt durch den zunehmenden Einfluss materialistisch geprägter Seelen nach deren Tod zu verfinstern drohte. Zukünftige Opfer werden sich auf das menschliche Ich beziehen, damit dieses die Fähigkeit zur Selbstlosigkeit bewahren oder auch erhalten kann. Damit ist aber ein geistiger Entwicklungsweg verbunden, den die Menschheit in der Weltgeschichte zu beschreiten hat, so wie diese, kollektiv gesehen, in der Apokalypse des Johannes beschrieben ist.

Wenn man nun die äußere Entwicklung des Christentums betrachtet, so finden sich darin verschiedene Strömungen und Gemeinschaftszusammenhänge, mit zum Teil sehr unterschiedlichen Ansichten und Standpunkten, die sich dann auch immer wieder bekriegt und bekämpft hatten. Vor allem die spirituellen Gemeinschaften wie die Templer und Katharer wurden grausam verfolgt und vernichtet. Heute kennt man zumeist nur noch die katholischen, die protestantischen und die orthodoxen Formen des Christentums, weniger die christlich-spirituellen.

Im christlichen Jahreslauf haben die Feste Weihnachten, Ostern und Pfingsten eine besondere Bedeutung. Weihnachten ist wie ein Geschenk des himmlischen Vaters für uns Menschen, eine Gnadengabe, die vor allem im katholischen und evangelischen Christentum geehrt wird. Passion und Ostern, also das Leiden und die Auferstehung und damit die Erlösung der Menschheit aus ihrem Fall, ist im orthodoxen Christentum das zentrale Geschehen.

Das Pfingstereignis, das Herabkommen der Flammen des göttlichen Geistes kann dann verstärkt in einem spirituellen Christentum verstanden und angestrebt werden. Denn da geht es vor allem auch um ein individuelles Bemühen, um ein sich Reif-machen, damit der heilige Geist in den Menschen einwirken und einziehen kann.

Dieses Geschehen ist auf zweierlei Weise möglich, nämlich durch eine Art Lebenseinweihung, so wie diese dem Apostel Paulus in seinem Damaskus-Erlebnis widerfuhr. Und dann in einem individuellen Schulungsweg, den ich hier kurz beschreiben will.

Zunächst kennt man noch aus dem Mittelalter den mystischen Weg im Christlichen, wie er vor allem in den katholisch-mönchischen Orden gepflegt wurde. Dabei hatte man sich von der äußeren Welt mehr oder weniger zurückgezogen, um sich ganz dem mystischen Innenleben hingeben zu können. Christus hat selbst diesen mystischen Weg in seinen Stufen der Passion vorgezeichnet, so wie diesen die petrinisch-katholische Kirche heute noch kennt, nämlich:

- die Fußwaschung: das Annehmen des ganzen Menschen mit seinen Schatten und Gebrechen.

- die Geißelung: ein Aushalten-können und Verzichten-können von niederen Seelengründen, die auf die innere Seele einpeitschen wollen.

- die Dornenkrönung: die Gefahr des Ertrinkens in eigenen Gefühlen des Schmerzes und des Leidens wandeln und erhöhen.

- das Kreuztragen: eine Schicksalsergebenheit erlangen und dann zum Hüter und Mitträger des Kreuzes unserer Mitmenschen werden.

- die Kreuzigung: volles Vertrauen in das Göttliche gewinnen, auch wenn alles Irdische dagegen spricht.

- Grablegung: einen inneren Gleichmut entwickeln, egal was kommen mag.

- Auferstehung: diese ist ein Gnadenakt und kann nicht selbst herbeigeführt werden.

Dieser christliche Einweihungs- und Schulungsweg ist in heutiger Zeit sehr schwer zu befolgen und so wurde der rosenkreuzerische Einweihungsweg entwickelt, wie er zum Beispiel in der Alchemie zutage trat. Da lauten die Stufen:

Studium der geistigen Gesetze und Welten. Entwicklung der geistigen Fähigkeiten zur Imagination, Inspiration und Intuition. Dann das allmähliche Eingehen in makrokosmische und geistige Welten und schließlich die Vereinigung mit der göttlichen Welt.

Zudem kann man auch einen Weg der Offenbarungen erwähnen und beachten, wenn nämlich in hohen Werken der Kunst, in der Dichtung, Malerei und Musik göttliche Werte und Weisheiten offenbar werden, wie bei Raphael und Novalis, bei Bach, Beethoven, Wagner und vielen anderen, die über die Kunst eine Verbindung zu den tiefen Gründen des Seins erreichen konnten.

Somit ist das Christentum voll von Zeugnissen des lebendigen Geistes, so wie dies bei den Rosenkreuzern, bei den Templern, im Bauhütten-Impuls, bei den Alchemisten, Martinisten, Anthroposophen, in Kunstwerken, Kathedralen und Lebenszeugnissen immer wieder zutage trat. Im Mysterium des heiligen Gral erfahren diese Strömungen ein übergeordnetes Zentrum, von diesem aus sie miteinander verbunden und zusammengehalten werden.

Dabei ist aber eine grundsätzliche Verschiedenheit zu einer östlichen Geistigkeit zu beachten, die in unserer Zeit sich auch im Westen einbringen will. Dieser Ost-West-Gegensatz durchzieht die Menschheitsgeschichte bis in die heutige Zeit, selbst bis in politische Auseinandersetzungen hinein.

In der östlichen Geistigkeit hat der Guru, der spirituelle Lehrer und Meister einen Verbindung zum kosmischen Geist. Daher zieht er den Schüler an sich heran. Dabei geht es um eine Abkehr, um eine Entrückung von der Welt, um den Kreislauf der Inkarnationen verlassen, um ins Nirvana, ins Samadhi eingehen zu können. Alle persönlichen Bestrebungen und Errungenschaften müssen dafür aufgegeben werden.

In der westlichen Geistigkeit empfängt der spirituelle Lehrer den Geist als Einstrahlung und im weiteren als

Einwohnung, eben wie im Pfingstgeschehen und strahlt von da dann aus, zu den Schülern und zur Welt.

Im Osten beginnt der spirituelle Weg unten, die sogenannte Kundalini-Kraft soll nach oben, zur Erleuchtung hingeführt und dafür gebraucht werden. Und dies eben durch eine Abkehr von der Welt der Illusion, der Maya.

Im Westen beginnt man oben, in der Vernunft und Erkenntnis, denn dadurch ist man frei, auch von einem Lehrer, der immer den freien Willen des Schülers beachten muss. Sodann wird vom Denkpol aus der Weg ins Herz und dann weiter in ein tatkräftiges Schaffen, in und für die Welt begangen. Im Herzen ist das Zentrum, wo oben und unten miteinander verbunden werden können.

Damit ist ein Individuations-Weg, ein Ich-Weg verbunden, nämlich von der leiblich-seelischen Ich-Organisation, dem Ego, über das Sonnen-Ich, dem „Ich bin" bis zum höheren Ich, das uns heute noch im Umraum überschwebt und sich in den vielfältigsten Schicksalsbegebenheiten bemerkbar macht.

Auf diesem Wege sind dem Menschen zum Beispiel durch die christlichen Sakramente bestimmte Gnadengaben mitgegeben, die ihm auf seinem Weg der Ich-Reifung im Leben helfen können und dies von der Taufe bis zum Sterbesakrament, der sogenannten letzten Ölung hin. Auch die Ich bin-Worte des Christus können dazu beitragen, dass das menschliche Ich sich im großen Ich, im Welten-Ich wiederfinden und eingebettet fühlen kann.

Gerade im Ergreifen und Wandeln des Ich's besteht ein großer Unterschied zwischen westlicher und östlicher Geistigkeit. Im Osten sieht man die Ich-Fixierung des Menschen als eine Ursache an für die Trennung von den geistigen Wirklichkeiten. Durch das subjektive Ich wird die Welt zum Objekt für den Menschen, er ist getrennt von ihr. Deshalb strebt der östliche Schüler mithilfe eines Gurus zum Rein-Geistigen, aber ohne Ich und ohne Person.

Im Westen wird der Ich-Weg, wird ein Individualismus forciert, dabei wird oftmals der Geist vergessen, auch weil man sich dabei im Materialismus und Egoismus verlieren kann. Diese Haltung zeigt sich äußerlich im heutigen Westen in der Signatur des gesellschaftlichen Lebens, die durch individuelle Freiheit, aber auch durch soziale Entfremdung und Einsamkeit geprägt ist, während der Osten persönliche Neigungen und individuelle Freiheitsbestrebungen zugunsten eines großen Wir, sei dieses staatlich oder religiös motiviert, negiert.

Die Lösung dieser Einseitigkeiten besteht dann in einer Verbindung, in einer Synthese dieser Gegensätze und damit in einem Ich-Weg zum Geist, so wie dies Christus für uns vorgesehen hat. Denn er ist der Garant für das freie Ich, er nimmt den Menschen so an, wie er eben ist. Christus nahm ja selbst das Menschliche an und führte es bis in den Tod, um auch diesen wandeln und erhöhen zu können. Er bringt Göttliches und Menschliches so zusammen, dass der Mensch zukünftig immer göttlicher werden kann.

Es geht also um eine Transformation, um eine Alchemie des Menschen. Das Unedle soll in Edles verwandelt werden. Und dies bis in die tiefsten Abgründe hinein.

Gegensätze zwischen individueller Selbstbestimmung und Gemeinschaftsbezügen und deren sozialen Verpflichtungen prägen unsere westlichen Gesellschaften mehr und mehr. Dazwischen fühlen sich viele Menschen hin und hergerissen.

Auf dem Gralsweg lautet eine Maxime: Mitten hindurch. Zwischen Himmel und Erde, wie auch zwischen Ich und Welt entsteht etwas ganz Neues. Der Mensch wird dabei zum Miterbauer dieser neuen Welt, so wie diese biblisch in der Apokalypse als das Neue Jerusalem beschrieben ist. Das ist die zukünftige Erde, die Erde als eine zukünftige Sonne und als neuer Stern, der den ganzen Kosmos umgestalten und erleuchten wird. Doch das ist ein sehr weiter Zukunftsblick, für den wir aber auch schon heute erste Zeichen setzen dürfen.

Shambala, das geistige Zentrum der Erde im Osten, Kitesh, die ätherisch-geistige Stadt in Russland, Avalon, die geheimnisvolle Insel im Westen oder die Gralsburg Montsalvach in Europa – das sind die geheimen Orte, aus und in denen der Zukunftskeim einer neuen Erde gepflegt und bewahrt wird.

Die neue Erde, gewiss, es wird noch sehr lange dauern, noch viele Inkarnationen benötigen, bis wir davon etwas merken. Doch im Mittelpunkt, im Goldkern der Erde, da wo sich Christus als Geist der neuen Erde niedergelassen hat, wenn wir da hinabsteigen, da finden wir den Schatz der Erde, so wie dies eine Weihnachtsverheißung ist. Und dies, weil in der Weihnachtszeit der Christusgeist immer wieder erneut in die Erde einzieht, um da seine kosmischen Gaben hineinzulegen, um im aufsteigenden Christusjahr von uns Menschen ergriffen zu werden, damit Mensch und Erde allmählich einer Verwandlung und Höherentwicklung zugeführt werden können.

Wir bauen folglich an einer zukünftigen Erde mit, wenn

wir die Christus-Impulse im aufsteigenden Jahrlauf aufnehmen und diese dann im absteigenden Jahreslauf
selbstständig und ichbewusst umsetzen wollen. Doch
dem stellen sich die Widersachermächte mit aller Macht
entgegen. Diese wollen den Menschen an das Nur-
Irdische fesseln. In der Auseinandersetzung mit diesen
Wesen und Kräften reift der Mensch in seinem Ich, wenn
er sich mit dem Zeitgeist Michael verbinden will, der die
Dunkelmächte ins Erden-Sein verbannt, damit wir an
ihnen erwachen und erstarken können. Das sind die
Prüfungen in heutiger Zeit, die uns das Weltenschicksal
stellt.

Wenn wir diese Mächte nicht nur als schlecht oder böse
ansehen, sondern als Herausforderer und „Erzieher",
können wir an ihnen sogar so weit wachsen, dass wir
diese mit-erlösen dürfen. Der Mensch ist nicht nur für
eine Selbsterlösung da, denn alle Kreatur, die ganze
Natur und die Erde wollen mit-erlöst werden. Das ist
unsere letztendliche Aufgabe. Damit machen die
menschlichen Abgründe und sogar Kriege noch einen
Sinn, denn wir können am Bösen erst richtig das
wirklich Gute erkennen und dann versuchen, dieses Gute
auch im irdischen Leben umzusetzen.

Das ist der innere Gehalt und tiefere Sinn eines spirituellen Christentums, das Mensch, Welt und All miteinander verbinden und durch den Menschen auch neu
gestalten und erhöhen will. Ein geistiger Kosmos, der
immer nur so bliebe in seiner hohen und reinen Geistigkeit, macht keinen wirklichen Sinn. Auch die Himmel
müssen sich wandeln können und dies geschieht vor
allem durch die Erfahrungen von uns Menschen in den

Kämpfen und Siegen mit den Mächten der Finsternis. Schaffen wir dies, so wird und ist der Mensch zur Krone der Schöpfung auserkoren. Machen und halten wir uns daher nicht zu klein und unvollkommen. Denn auf jeden Einzelnen kommt es schließlich an, mit welchem Geist er sich in seiner Seele verbinden will. Im Geist des Guten, Wahren und Schönen haben wir die Macht, um auch mit den Abgründen und Widerwärtigkeiten des Lebens fertig zu werden. Darauf dürfen wir hoffen, daran dürfen wir glauben und schließlich können wir in der Liebe zu Christus, zum göttlichen Urgrund und allumfassenden Geist, uns mit diesem vereinen und vermählen. Dadurch geschieht eine Wiedergeburt im Geiste, der neue Mensch, der neue Adam wird geboren und mit diesem eine neue Erde, die zukünftig einmal von den Kräften des Festen, Schweren und Trägen befreit sein wird und dann nur noch in ätherischer Gestalt als das Neue Jerusalem, als die Jupiter-Erde, als eine Stätte des Friedens erscheinen wird.

In der Liebe hat das Böse seine Macht verloren und kann damit überwunden und sogar erlöst werden, wenn sich diese Liebe in barmherziger und gütiger Weise auch dem Dunklen, Falschen, Kranken und Unvollkommenen zuwenden lernt. Die neue Erde wird ein Planet der Liebe sein. Für und an dieser Zukunft können wir aber auch schon heute mitwirken. Dies unterliegt jedoch unseren freien Entscheidungen und entsprechend unseren Handlungen, die eben selbstsüchtig oder selbstlos, egozentrisch oder zum Wohle des Ganzen von Himmel und Erde und damit auch von Mensch und Natur getätigt werden können.

Den Sündenfall verstehen –
das Dunkle erlösen

In der Zeit vor dem Sündenfall, folglich in der lemurischen Zeit, arbeiteten Wesen aus den geistigen Hierarchien am Aufbau und an der Entwicklung des Menschen. Nach dem in der polarischen Zeit der Erd-Entwicklung die Grundlagen für den physischen Leib, in der hyperboräischen Zeit für den Ätherleib und in der lemurischen Zeit der Astralleib eingeführt und ausgebaut wurden, was ja in einer Wiederholung der Anlagen aus dem alten Saturn, der alten Sonne und der Monden-Erde geschah, so wie man dies in Rudolf Steiners: „Geheimwissenschaft im Umriss" nacharbeiten kann.

In dieser lemurischen Zeit erfolgte dann ein erster Einschlag der Ich-Entwicklung, als die Throne etwas aus ihrer Willens-Substanz für den damaligen Menschen hinein-opferten. Doch war dieses Ich damals noch ganz im Welten-willen beziehungsweise im paradiesischen Leben eingebunden.

Der sogenannte biblische Sündenfall in der Mitte der lemurischen Zeit erfolgte durch den Einfluss luziferischer Wesen, die den Astralleib des Menschen so beeinflussten, dass darin ein Eigenwille erschaffen wurde. Es wurde das Ich an den Astralleib und dieser verstärkt an den physischen Leib herangebracht, damit das Ich stärker an die Triebe und Leidenschaften gebunden ist. Dadurch wurde es ermöglicht, dass der Mensch sich entscheiden konnte zwischen dem Guten und dem Bösen, so wie dies biblisch im Bild der Verführung der

Schlange und dem Essen vom Baum der Erkenntnis geschildert ist.

Eigentlich sollte dieses Essen beziehungsweise das eigene Erkennen erst in der darauffolgenden atlantischen Zeit erfolgen, weil dann die menschliche Entwicklung schon gereifter gewesen wäre und diese Versuchungen dann besser zu überstehen wären. Das heißt, der Einfluss Luzifers fand zu früh statt und so unterstand der damalige Mensch zu stark seiner Gewalt.

Wenn der Eigenwille zu stark ist, wenn das Ich und der Astralleib zu stark an die physische Leiblichkeit und darüber an die Welt sich klammert, so verliert die Seele recht leicht den Kontakt zu den geistigen Welten. Und das war dann auch ein Resultat dieses Geschehens, dass die geistige Welt den Menschen, die Schlange und die Erde mit einem „Fluch" belegte:

„Du wirst in Schmerzen gebären, im Schweiße deines Angesichts sollst du dein Brot verdienen und der Tod wird sein der Sünde, der Sonderung Sold".

Schmerz, Mühe, Tod: Schmerzen, das sind die Folgen des Egoismus im Astralleib, die Mühen entstehen durch Irrtum und Lügen im Ätherleib, der damit seine kosmische Anbindung verliert. Und der Tod des physischen Leibes ist das Resultat von dem, dass durch das Essen vom Erkenntnisbaum der Zugriff zum Lebensbaum mehr und mehr verloren ging.

Manche Völker machten diesen Sündenfall stärker durch, denn dieser ist nicht nur ein einmaliges Ereignis, sondern ein fortschreitender Prozess. Doch gibt es auch Völker, die den Zugang zum Baum des Lebens noch etwas bewahren konnten, wie manche indianischen und

84

indigenen Stämme. Indianische Völker haben deshalb auch keinen Sündenfall-Mythos in ihrer Schöpfungs-Geschichte. Erst mit dem Eindringen der „Weißen" begann für sie ein „Sündenfall".

Wie kann dieser Sündenfall, diese Sonderung vom Baum des Lebens wieder erlöst werden? Da gibt es für die gefallene Menschheit in heutiger Zeit fast nur noch die Möglichkeit, sich auf Christus zu besinnen.

Gut, der buddhistische und östliche Weg versucht, durch eine Abkehr vom Irdischen aus dem Kreislauf von Tod, Mühe und Schmerzen auszusteigen, in dem versucht wird, kein neues Karma mehr zu schaffen.

Das ist für den „West-Menschen" so zumeist nicht mehr möglich, da dieser schon viel zu tief im Irdischen ver-strickt ist. Und so nimmt der Weg des Parzival, der in der Grals-Geschichte exemplarisch für den heutigen Zeitgenossen steht, bewusst seine Schuld auf sich und versucht durch eine Vergebung und Wiedergutmachung daraus etwas Besseres zu erschaffen. Er will und wird damit quasi zum Gestalter seines eigenen Schicksals heranreifen.

Diese Haltung wurde und wird aber nur möglich für den einzelnen Menschen, weil Christus die Urschuld, den Fluch aus dem Paradies auf sich genommen hatte, in dem er die Schmerzen ertrug, die Erdenmühen auf sich nahm und durch den Tod hindurch geschritten ist.

Dadurch, dass Christus ganz Mensch wurde und auf seine Göttlichkeit verzichtete, konnte er eben durch die Menschwerdung Gottes die irdischen Plagen verwan-deln, dies aber auch nur, weil er dabei immer mit der Welt des Vaters, mit dem Baum des Lebens verbunden blieb. Er trug somit Himmelskräfte bis in irdische und jenseitige Reiche hinein, da die Kräfte des Vaters ihn nicht wirklich verlassen hatten.

In Christus kam der Baum des Lebens wieder in die Menschheit und die Erd-Entwicklung hinein. Damit der Mensch sich dieser Christus-Tat überhaupt anschließen kann, brauchte es aber eine gewisse Vorbedingung, die dadurch geschaffen wurde, weil in der atlantischen Zeit ein Opfer der Elohim beziehungsweise der Exusiai stattfand, die aus ihrer Sonnenkraft, aus ihrer Sonnen-Ich-Substanz dem Menschen davon abgaben. Damit wurde der Keim gelegt für das „Ich bin", für die Sonnen-Geistes-Kraft des Ich im Menschen und eben nicht nur dem „Ich will", der marsischen Ich-Kraft aus dem früheren Opfer der Throne.

Mit diesem „Ich bin" kann in freier Entscheidung ein Kontakt zum Sonnen-Ich des Christus gesucht und gefunden werden. „Ich bin der Weg, die Wahrheit und das Leben".

Wenn das Christus-Ich, das Welten-Ich in das Menschen-Ich einziehen kann, ersteht in uns das Gewissen. Wir erleben in uns selbst, was das Wahre, das Gute und das Schöne ist.

Luzifer, die Schlange aus dem Paradies, ist der Bringer der menschlichen Freiheit, entstanden eben durch den Sündenfall. Dadurch haben wir ja erst eine freie Entscheidungsmöglichkeit. Das ist die Frucht des Erkenntnisbaumes. Das heißt aber noch nicht, dass wir durch diese Entscheidung in eine wirkliche Freiheit gelangen können. Denn damit ist eben auch der Fall in die Unfreiheit, in den Schmerz, in die Mühe und in den Tod verbunden, weil damit eben auch immer die Möglichkeit zum Eigensinn, zum Egoismus, zum eigenen Forschen, Experimentieren und Handeln gegeben ist. Davon haben wir ja regen Gebrauch gemacht.

Entscheidet sich der Mensch in Freiheit nicht mehr nur für die persönlichen Vorteile, Bequemlichkeiten und egoistischen Bestrebungen, sondern vor allem für das Gute, so kann Luzifer selbst erlöst werden. Befreien wir uns von selbstsüchtigen, luziferischen Einflüssen und wenden uns dem allgemein Menschlichen, dem Humanistischen und dem Menschheitlichen zu, so hat Luzifer seine Schuldigkeit getan, seine Aufgabe erfüllt und wird sich zukünftig so wandeln können, dass er zu einem neuen heiligen Geist sich hin-entwickeln darf.

Die luziferischen Engel und luziferischen Doppelgänger, die sich im Menschen in einer eigenwilligen Selbstsucht und Egozentrität äußern, dürfen wir vor allem in uns selbst wandeln und dies am besten, wenn wir sprechen lernen: „Nicht ich, der Christus in uns". Damit kann eine seelische Wandlung beginnen.

Wollen wir die andere, die zweite dunkle Macht erlösen, die den Menschen an den Leib und an das Irdische fesseln will, die ahrimanische Macht, so muss die Materie selbst erlöst werden.

Eine neue Leiblichkeit, ein „Auferstehungsleib" kann erschaffen werden, wenn die Kräfte und Energien des Festen, des Schweren und des Trägen in der Materie und im Leiblichen überwunden werden. Im Auferstehungsleib des Christus sind die Todeskräfte besiegt worden. Dafür musste Christus aber durch den Tod gehen, sterben, er musste in der Höllenfahrt bis ins Erd-Innere hinabsteigen, um in den Erdkern eine neue Sonnenkraft hineinbringen zu können. Christus brachte seinen Sonnengeist uns Menschen und der Erde. Dies wird symbolisiert in den vielen sakralen Bildern und Darstellungen der Madonna mit dem Kind beziehungsweise verweist dies auf die Erd-Mutter, die ihr Sonnen-Geistes-Kind in ihrer Mitte, in ihrem Herzen, in den Armen trägt.

Heute spricht man gerne wieder vom inneren Kind; das kindliche Ich im Menschen will gesucht und erweckt werden. Ein mystischer Weg, der innere Herzensweg sucht den göttlichen Kern, den Christus im eigenen Herzens-Ich, in seinem inneren Kind. „Und so ihr nicht werdet wie die Kinder, könnt ihr nicht in das Gottesreich gelangen".

Erfahren und erleben wir dieses reine, liebevolle, kindliche und spielerische Herzens-Ich, diesen göttlichen Funken in uns, so kann Christus mit der Zeit auch im Außen entdeckt werden: „Aus Kraut und Stein, aus Meer und Licht, schimmert sein kindlich Angesicht". So hatte dies der Dichter Novalis ausgesprochen.

Im christlichen Jahreslauf kann diese sich immer wieder erneuernde und sich fortsetzende Erlösung aus den Todeszusammenhängen und Todeskräften eingesehen und auch gegangen werden. Dies will ich hier nur noch als eine meditative Anregung zum selbstständigen Aneignen und Weiterschaffen anführen. In einem späteren Kapitel gehe ich darauf noch etwas näher ein.

Weihnachten: das göttliche Kind, der Gottesfunke erstrahlt im Innern. Eine Geist-Geburt darf und kann sich ereignen, wenn die Seele sich an Weihnachten, leer und offen, in die Erdentiefen, bis zum Goldkern der Erde eingelassen hat.

Passion: der Menschenweg, Christus als der Menschensohn nimmt das Mensch-Sein an mit allen Mühen und Schmerzen. Entsprechend geht der Mensch mit der Kraft der Christus-Liebe durch den inneren Tod, durch den Tod des Selbstischen, um an Ostern mit und in Christus am Auferstehungsgeschehen teilhaben zu können.

Pfingsten: der kosmisch-geistige Christus, der Logos – er verbindet alles, Erde und Himmel, Mensch und Gott.

Ein erkennendes, ein gnostisches, mystisches und magisches Christentum wird daraus einmal hervorgehen, das alle Bereiche des Lebens verwandeln hilft.

Das Kindliche in Christus, das immer neu erschafft, der Menschensohn, der leidende und sich opfernde Christus, der uns als Tröster, Heiler und Freund entgegenkommt und der kosmische Christus, die Logoskraft des All's, diese drei Qualitäten dürfen wir auch in uns entdecken, denn dann kommen wir ihm als Gotteswesen und als Menschheitsgeist auch immer näher.

Und dies vor allem, wenn wir diese Dreiheit im absteigenden Sonnen-Jahr eigenständig einbringen wollen. Im aufsteigenden Sonnenjahr dürfen wir die Qualitäten des Göttlichen, mit und in Christus, wie er sie in seinem damaligen Erdenwirken vorgelebt hat, miterleben. Im absteigenden Jahr dürfen wir dann vermehrt versuchen, die Erfahrungen daraus in unserem eigenen Seelensein und in der Welt zu verankern. In der Beziehung zur Erde und zu den Mitmenschen haben wir ja die größten Möglichkeiten, uns dieser Qualitäten bewusst zu werden und sie im Anwenden ausbauen und reifen zu lernen.

Beziehungen gestalten

Gerne wird in psychologischen und esoterischen Kreisen gesprochen: Wir brauchen ein neues Wir.

Die Sehnsucht nach Gemeinschaftsformen, die uns aus der Einsamkeit des Ich's, aus den Individualisierungstendenzen der letzten Jahrzehnte herausholen und befreien können, ist groß. Und so gibt es zahlreiche Initiativen, die sich, mal mit mehr oder weniger Erfolg, aufmachen, neue Wege zu suchen, ob in Wohn- und Arbeitsgemeinschaften, in Ökodörfern oder Kultur-Oasen – eine neue Zeit, die sogenannte Wassermann-Zeit ist im An- und Aufbrechen. Und so wird es auch immer sichtbarer, dass die staatlich verordneten Systeme, die das soziale Leben gestalten und absichern sollen, immer brüchiger werden. Dies auch, weil mit zunehmendem Egoismus, durch den jeder nur für sich das Meiste rausholen will, der Sozialstaat an seine Grenzen gerät.

Ein neues Wir-Gefühl, in dem wir uns für das Ganze, dann eben auch für unsere Gesellschaft einsetzen, ist sicher richtig und nötig. Doch um dazu auch die dafür erforderlichen individuellen Fähigkeiten mitbringen zu können, müssen wir zuerst die Schritte zu einem „Du" bewältigen, weil wir an und in einer tiefen Beziehung zu einem Mitmenschen für diesen und dann vor allem auch zu und in sich selbst erwachen können.

Das Du, also der Mitmensch, spiegelt mich nämlich in meinem inneren Wesen, in meinen Schönheiten und Abgründen. Nehme ich diese an, in ihm und auch in mir, wachse ich allmählich in eine echte Liebe hinein. Und die brauchen wir, um auch das Ganze, alle anderen Menschen und dann auch die göttliche Welt umfassen zu können. In diesem Sinne mögen die folgenden Gedanken einen Weg aufzeigen, wie wir zu reifen, ehrlichen und tiefen Beziehungen mit Menschen, mit Gott und mit der natürlichen Welt hingelangen können.

So soll es in diesem Kapitel vor allem um das Soziale, um das Zwischenmenschliche und dies als eine neue Mysterienstätte gehen. Zunächst ist dabei ein Weg zu beschreiten, der aus der Vereinzelung in die Zweiheit, in eine tiefe Beziehung und Partnerschaft, in ein zwischenmenschliches Mysterien-Geschehen führt.

Normalerweise beginnt man in vielen Partnerschaften, der Jahreszeit entsprechend, im Frühling einer Verliebtheit, wie sie vor allem in der Jugend als eine leichte und schmetterlingshafte Liebe ersteht. Das germanische und keltische Ostara ist ein Frühlings-Fruchtbarkeitsfest, dem sich naturverbundene Völker noch zuwenden konnten. Im Christlichen zeigt sich vor dem Osterfest jedoch die Passion. Es gilt daher, nicht nur naturhaft mitschwingen zu wollen wie in der Jugendzeit, denn ab der Lebensmitte, wenn die irdischen Aufgaben und Sorgen größer werden, ist es nicht mehr so leicht, mit dem aufblühenden Frühlingsgeschehen mithalten zu können. Selbst die Natur hält sich in der Passionszeit im Jahreslauf noch zurück, denn durch eine Zurücknahme, durch eine Verdichtung und Einkehr können wir innerlich wachsen und reifen, damit daraus einmal eine warme, tiefe und reife Liebe hervorgehen kann, die dann auch bereit zu einem Opfer wird.

Somit können wir die Schwierigkeiten in Partnerschaf-

ten als Prüfungen verstehen, durch die wir neue Fähigkeiten erwerben, vor allem, wenn wir durchhalten und
daran allmählich auch erstarken. Da entwickeln wir mit
der Zeit und mit den Jahren Geduld, Ausdauer, Treue,
Toleranz, Mitgefühl, Verständnis, Vertrauen, Weisheit
und Liebe. Das sind die Früchte, die in Partnerschaften
ganz besonders erworben werden können. Darin zeigt
sich vor allem ein Weg des Lernen und des Reifens.

Sicher ist dieses Thema sehr groß und weit, so dass hier
nur ein sehr kleiner Ausschnitt davon mitgegeben werden kann. Das Thema Partnerschaf durchzieht ja auch
meine früheren Arbeiten im Perceval-Institut für Kosmologie und christliche Hermetik, zum Beispiel im Buch:
Aufbruch zur Dimension der Tiefe.

Es ist ja zumeist so, dass wir sehr gerne die Weite
suchen, zum Beispiel in Reisen und Wanderungen, ja
auch noch die Höhe, das Fliegen und Frei-sein-wollen,
doch an den Tiefen, an den Schatten und Abgründen, den
Schmerzen und Umbrüchen, möchten wir am liebsten
vorübergehen. Aber dann übersieht man, dass darin vielfältige Möglichkeiten der inneren Entwicklung enthalten
sind. Ohne Passion keine Auferstehung!

Und so wollen wir zunächst versuchen, in das vor-öster-
liche Geschehen einzudringen, um daraus in ein öster-
liches Auferstehen, in ein immer wieder Neu-beginnen
und dies gerade auch in Partnerschaften und Ehen, als
eine innere Haltung einzumünden. Die Natur wartet auf
den befreiten, auf den bewussten Menschen, der an und
in seinen seelischen Abgründen immer mehr zu einer
ehrlichen und reifen Liebe hingefunden hat.

Unsere menschliche Liebe ist ja meistens noch recht

ichbezogen und egoistisch. Wir verlieben uns in Äußerlichkeiten, in bestimmte Charakterzüge, Denkweisen, in das, was attraktiv, begehrenswert, entzückend und reizend auf uns wirkt und wo wir Befriedigung, Wohlwollen und Genuss erwarten und erleben können. Da zeigt sich zumeist der Spruch: Gegensätze ziehen sich an und Gleich und Gleich gesellt sich gern. Beides zusammen macht eine Partnerschaft attraktiv.

Doch mit der Zeit schleichen sich Verhaltensweisen und Eigenschaften durch den Partner in die Beziehung ein, die einen stören und ärgern können. Dann genügt die subjektive, die ichbezogene und bisweilen egoistische Liebe meist nicht mehr, obwohl sie natürlich am Anfang durchaus ihre Berechtigung hat. Ohne eine gewisse Selbstliebe wird es schwer, auch andere zu lieben. Auf dieser können wir deshalb aufbauen, sie ist der Boden, der Grund, auf dem wir weiter-arbeiten können.

Wohin soll jedoch eine sich erweiternde Liebe hinführen, wenn die Probleme und Ärgernisse in Partnerschaften manchmal überhand nehmen? Bietet die Liebe zum Göttlichen hier einen Ausweg?

Auch die Gottesliebe kann zunächst sehr ichbezogen gesucht und gewollt werden. Die göttliche Welt soll uns Orientierung, Halt, Lebensregeln, Zuversicht und Liebe schenken. Und das tut sie auch – jedoch, sie will, dass wir auch in unserer persönlichen Liebe immer weiter wachsen, ja, bis hin zur Feindesliebe.

Die Christusliebe geht sehr weit, sie vergibt auch den Peinigern, sogar denen, die ihn martern und töten. Kann es eine größere Liebe geben als die, dass jemand sein Leben hingibt für die Seinen, für die Menschheit, für die ganze Welt? Nun, soweit gereicht unsere Liebe meistens bei weitem noch nicht. Doch die Christusliebe kann uns anspornen, von der Selbstliebe hin zu einer Nächstenliebe wachsen und reifen zu können und dies mit den Herausforderungen des Lebens mehr und mehr. Und dafür sind Partnerschaften anfänglich ein gutes Übungsfeld, aber natürlich auch Freundschaften und anderweitige Begegnungen und Beziehungen in der Familie, bei der Arbeit oder in sonstigen Gemeinschaftsbezügen.

Partnerschaftliche Beziehungen bieten ein sehr weites Übungs- und Arbeitsfeld, um in einem menschlichen Sinne wachsen zu können. Ganz besonders gilt dies für die Ehe.

Selbstlos lieben – bis in den Tod, bis dass der Tod uns scheidet. Wer vermag dies noch? Wer würde noch für den Anderen sterben, wer trägt und hütet den Anderen noch bis in den Tod? Da kommen wir doch recht schnell an bestimmte Grenzen unserer Nächstenliebe heran.

Partnerschaften führen an unsere Begrenzungen, an unsere Eitelkeiten, Bequemlichkeiten und an innere Widerstände heran und sie zeigen schonungslos und ehrlich auf, wo wir im Seelischen noch stehen. Sie bieten daher eine Schulung zu mehr Ehrlichkeit und zu mehr Wahrheit über uns selbst. Wie weit sind wir in unserer Tugendhaftigkeit, in unserer Moral fortgeschritten – oder steht immer noch das „Ego", stehen die persönlichen Wünsche und Eigenheiten an vorderster Stelle?

Jedoch, die Treue, die Liebe, die Geduld, die Beharrlichkeit und Ausdauer, die Toleranz und das Verständnis, das echte Interesse am Anderen und das Verzeihen und Vergeben-können, diese Tugenden und Eigenschaften, die wir in Beziehungen erlernen dürfen, sie müssen nicht nur als Verzicht, als „Opfer" oder als Kraftakt beim Überwinden von Hürden und Hindernissen, die uns der Andere vorgibt, gesehen werden, denn sie können uns stärken, ermutigen, Kraft verleihen und Lebenstiefe schenken. Daraus erwächst nämlich mit der Zeit eine reife, warme und tiefe Liebe. Und damit können wir dem Partner, dem Bruder, der Schwester ein Helfer und Hüter sein. Dies ist der Beginn eines priesterlichen Wirkens, man wird zum Hirten, zum Hüter unseres gemeinsamen Schicksals.

Ein Aufbruch zur Dimension der Tiefe ist damit verbunden. Nicht nur die Weite ist anzustreben – durch Bildung, Reisen, Kultur und Gemeinschaften in und durch die Welt, auch nicht nur die Höhe – das religiöse und spirituelle Streben, die göttliche Welt, sondern eben auch die Tiefen, die Abgründe und damit auch die Schätze, die wir daraus gewinnen können. Sie gehören zu einer echten Ganzheit mit dazu.

Ohne Tiefe keine wirkliche Höhe, ohne Tod und Höllenfahrt keine Auferstehung und Himmelfahrt, so könnte man dies in einem christliche Sinne aussprechen. Denn die Höhe ohne Tiefen wirkt sehr leicht abgehoben, sie verliert die Bodenständigkeit. Somit können uns Ehen und Partnerschaften erden, damit wir einen Grund spüren, von dem aus wir in die Höhe und in die Weite streben und wirken können.

Eine gemeinsame Liebe der Partner zum Göttlichen hin, verbindet diese miteinander, so dass man die Liebe nicht nur beim und vom Partner und für diesen suchen muss. Die Liebe überwindet alle Grenzen und kommt erst in ihrem Ursprung, bei Gott, als dem letztendlichen Ziel an. Eine Liebe, die nur um ihrer selbst willen, sich nur in sich selbst befriedigen und genießen will, kann sich ja sehr leicht in vielfältigen Liebeleien und Abirrungen verlieren. Daher sollte zur Liebe immer auch noch eine „Portion" Weisheit hinzukommen können.

Eine weisheitslose, triebhafte und emotionale Liebe entspringt den leiblichen Tiefen und der eigenen Wunschnatur. Diese soll und will veredelt und erhöht werden. Eine lieblose Weisheit bleibt dagegen abstrakt, intellektualistisch und kalt. Der Mensch darf daher seine Liebe ichhaft und weisheitsvoll gestalten lernen. Dadurch reift diese zu einer menschlichen Liebe heran, die es so im weiten Kosmos noch nicht gegeben hat. Diese Liebe reift vor allem auch im Leid, im Schmerz und in den Herausforderungen des Lebens. Das ist schließlich auch unsere Gabe an den Kosmos, durch die sich dieser erneuern und erweitern kann. Eine warme und reife Liebe fördert nicht mehr die Frühlingsgefühle des Verliebtseins, auch nicht die zu und für sich selbst - als die heute noch so hoch-gepriesene Selbstliebe. Dafür aber die gegenseitigen Verantwortlichkeiten, ein Vertrauen und eine Hilfsbereitschaft, das sich aufeinander Verlassen-können und letztlich auch eine Freundschaft, die erst wirklich eine ehrliche Seelenliebe reifen lässt.

Christian Morgenstern hat einmal den Unterschied von Freundschaft und Kameradschaft zur Geschlechterliebe recht radikal formuliert, dies aber vom Standpunkt eines Mannes aus betrachtet. Trotzdem will ich dieses Zitat zur Anregung für ein eigenes Besinnen hier mitteilen, damit man selbst eruieren kann, in wieweit dieses für einen selbst zutreffen mag, ohne jedoch behaupten zu wollen, dass dies für alle Menschen zutreffen mag.

„Mancher sucht sein Leben lang Kameradschaft – aber man muss mit diesem Bedürfnis im Herzen nicht zu Frauen gehen. Sie wollen, eine jede, ausschließlich geliebt sein, sie wollen aus aller Kraft die Episode der Liebe, aber ohne sie dabei als Episode aufzufassen. Sie wollen ein ganzes Leben in Beschlag nehmen, aber dafür kein Leben der Kameradschaft, sondern ein Leben der Liebe geben. Ein Leben der Liebe ist aber ein Unding, wie ewige Musik oder ewiger Frühling. Die Liebe verdirbt die Seele zur Kameradschaft, sie ist kalt und heiß, eifersüchtig und unberechenbar; die Kameradschaft, die Freundschaft ist allein wahre Seelenliebe, sie ist bis zu einem gewissen Grad unegoistisch, sie ist der Zustand zwischen Mensch und Mensch. Die Liebe ist das Mittel zum Werden des Kindes, aber die Freundschaft ist das Mittel zum reif und süß werden deiner selbst".

Liebe und Freundschaft müssen sich aber nicht gegeneinander wenden und ausschließen.

Streben wir an, die Liebe ichhaft und weisheitsvoll mit freundschaftlicher Geste zu fördern, so wandelt sie sich zur Güte hin, sie wird gütig und mitfühlend und kommt dadurch weg von sich selbst und damit hin zum Partner, zum Freund, zum Mitmenschen und zur Welt.

Mit diesen Fähigkeiten werden Gemeinschaften gelingen können, vor allem auch, wenn sie sich ein gemeinsames Ziel geben können und diesen Weg dorthin wahrhaftig, treu in Freundschaft, Liebe und Achtung miteinander gehen wollen.

Vom Ehe- und Familienleben

Als Vater und Ehemann schreibe ich in diesem Abschnitt über das Ehe- und Familienleben und so wird es erst einmal auch etwas persönlich werden.

Nun, in meinem früheren Lebensentwurf war die Familie überhaupt kein Ideal und auch kein Thema. Als Künstler liebte ich das freie Leben, das Reisen und Suchen, das Lernen und Feiern. Doch dann wollte es das Schicksal ganz anders.

Zwei Söhne sind das Resultat einer Bekanntschaft mit einer Frau, mit der ich nun schon bald 25 Jahre verheiratet bin. Damit begann aber auch eine schwieriger werdende Zeit, eben in der Verantwortung für die Kinder, die ich als Hausmann und Erzieher ergriffen hatte; dies vor allem auch, weil das Familienleben in meinem Geburts-Horoskop als eine karmische Aufgabe verankert ist. Und damit hatte ich es, wohl auch aus karmischen Gründen, mit zwei kleinen „Revoluzzern" zu tun.

„Vater werden ist nicht schwer, Vater sein dagegen sehr". Wie wahr – und so gilt es eben, das Beste daraus zu machen, wenn man dadurch auch einige graue Haare bekommt.

Kleine Kinder schenken viel Freude, sie brauchen aber auch viel Zuwendung, Nachsicht und Kraft. Den Beruf, die Familie und die Partnerschaft in einen Zusammenklang zu bringen, ist dann alles andere als einfach. Bei uns hat es sich dann so ergeben, dass ich zuhause bei den Kindern blieb und ich dadurch meinen künstlerischen und schriftstellerischen Tätigkeiten nachgehen konnte und meine Frau außerhalb der Familie ihrer Arbeit nachging.

Kinder fordern uns heraus, so manche Gewohnheiten und Bequemlichkeiten aufzugeben, an die sich das „alte Ego" so gerne geklammert hat. Daraus entstehen viele schwierige Situationen, die nicht gut für das Kind, aber auch nicht gut für einen selbst sind. Und so ergeben sich manchmal Schuldgefühle, die nicht so leicht zu überwinden sind, denn man kann es den Kindern nicht immer in allem recht machen und so kriegen sie halt auch so manches Unschöne ab, eben weil wir selbst ja auch nicht vollkommen sind. Den „perfekten" Erzieher, der alles richtig macht, wird es wohl so oft nicht geben, allein schon aus karmischen Gründen. Und des öfteren ist es ja auch so, dass sich Vater und Mutter im Erziehungsstil nicht besonders einig sind.

Tja – und dann noch zwei Buben. Mädchen, so scheint es mir, haben es in den leichter, vor allem wenn die Jungs in die Pubertät kommen; da braucht es schon gestandene Pädagogen, die hier eine Führung anbieten können. Schulen

Und damit sind wir schon bei der Geschlechter-Problematik angelangt. Mein Eindruck ist, dass gesellschaftlich gesehen, das männliche Element es heute nicht mehr so leicht hat, auch weil eine toxische Männlichkeit stark in Verruf geraten ist. Sicher, die Chef-Posten sind zumeist noch in männlicher Hand, doch gerade im Erziehungsbereich sind viele Frauen tätig und so werden die Mädchen schon etwas bevorzugt, vielleicht auch, weil sich Frauen mit gewissen Auswüchsen des Männlichen schwerer tun.

Gerne sind Frauen auch unter sich beisammen, das liegt in ihrem Naturell. Doch wenn es darum geht, die Kinder loszulassen, wenn diese das heimische Nest verlassen, so haben es die Mütter meistens schwerer. Die Pieta, die Maria mit ihrem sterbenden Sohn, ist dafür ein geistiges Urbild, natürlich in sehr viel extremerer Weise.

Und so prallen immer noch geschlechtsspezifische Muster aufeinander, wobei Frauen den Beruf und die Familie leichter miteinander vereinbaren können, auch weil dies gesellschaftlich eher anerkannt ist. Wird der Mann zum Hausmann, ist er immer noch ein bisschen Exot, ein „Fremdkörper" oder Außenseiter im gesellschaftlichen Ansehen.

Wann ist der Mann eigentlich nun ein wirklicher Mann? Den Macho-Mann braucht man noch in Kriegen, in Krimis und in Western-Filmen. Im Alltagsleben braucht der Mann seine harten Bandagen im Kampf um Karriere und Geld, was letztlich jedoch auf Kosten seiner Gesundheit und seiner Lebenszeit-Erwartung geht, denn immer nur den starken Mann spielen zu müssen, ist auf Dauer gesehen doch sehr fordernd und anstrengend. Und so gibt es auch immer mehr Männer, die sich diesem „Männlichkeits-Ideal" entziehen.

Dies zusammenfassend, bedeutet ein Familienleben eine gute und lehrreiche, mitunter auch eine schwere Zeit, die man, wenn sie einmal vorübergegangen ist und sich die „großen Kinder" auf einem guten eigenen Weg befinden, doch auch mit Dankbarkeit und einer inneren Erfüllung verbinden kann. Es ist ja bereichernd, die Entwicklung von Kindern miterleben zu dürfen. Was wird aus ihnen einmal werden? Wie und unter welchen Begleiterscheinungen finden sie zu ihrer eigenen Lebensaufgabe und Biographie?

Tiefe Zufriedenheit entsteht, wenn man sieht, wie trotz aller Missgeschicke und Fehler, die in der Erziehung gemacht wurden, die nun erwachsen gewordenen Kinder sich ihre Lebensaufgabe selbst erobern und gestalten lernen.

Sind die Kinder dann allmählich aus dem Haus, entsteht ein Freiraum, der auch nicht immer leicht zu füllen ist.

Wo und wie hat das Alter noch eine Zukunft?

Der Vater kann ja noch Opa werden, der Hausmann und Künstler bleibt was er war und der Ehepartner – naja, da wird es mit zunehmendem Alter auch nicht mehr so erfrischend und prickelnd. Was kann dann noch werden?

Haben die „Kinder" ihren eigenen Weg gefunden und hat man das gemeinsame Ehe- und Familienleben genügend ausgekostet, so entsteht sehr oft die Frage:

Was kann und will da noch kommen?

Gut, man kann es sich im Alter als Rentner gemütlich einrichten, mit Reisen, Bildung, Hobbys, ohne den Druck des Erziehens und des Geldverdienen müssens, eventuell noch Reisen mit einem Wohnmobil, mit dem man neue Horizonte entdecken will. Und so kostet man die nächsten Jahre aus – bis schließlich nichts mehr geht und alles zu Ende ist?

Was kann eine Ehe im „letzten" Lebensabschnitt noch bedeuten? Gibt es vielleicht noch einen höheren Sinn, wenn die Erziehung der Kinder wegfällt? Gibt es so etwas wie ein geistiges oder ein soziales Kind, das aus der liebenden Verbindung der Eheleute erwachsen kann?

Oder muss dann jeder seinen eigenen Weg beschreiten?

Denn nur noch gemeinsam alt werden ist keine wirklich beglückende Zukunftsperspektive. Kann sich im Alter noch etwas Zukünftiges, eine von beiden gewollte gemeinsame Aufgabe, also etwas Neues aus einem gemeinsamen Willen ergeben, das über das Persönliche der Partner hinausreicht?

Dieses neue, dieses „geistige Kind" will geboren werden – und wie bei einer biologischen Geburt gibt es auch hier eine Empfängnis, das ist ein gemeinsamer Wille und dann eine Zeit des inneren Reifens und Wachsens. Und dies zwischen den Partnern, bis es nach einiger Zeit zu einer klareren, manchmal aber auch schmerzhafteren Phase, den natürlichen Wehen nicht unähnlich - und daraufhin zu einer Neuausrichtung und daran anschließend zu neuen Aktivitäten und Lebensaufgaben kommen kann.

Das Leben bietet ja bis ins hohe Alter zahlreiche Lernmöglichkeiten und das Christus-Wort: „Wo zwei oder drei in meinem Namen versammelt sind, da bin ich mitten unter ihnen" bietet eine große Hilfe, die uns im Alltagsleben immer wieder zusammenbringen, führen und uns gegenseitig verzeihen lässt, eben weil zwei unterschiedliche Menschen sich immer wieder aneinander reiben werden, egal wie lange man sich kennt.

Reibung erzeugt Hitze, die verletzen und verbrennen kann. Jedoch, sie kann mit innerer Gelassenheit, mit Mitgefühl und mit einer immer stärker werdenden, ichhaft gewollten Liebe dahin führen, dass von den Ehepartnern eine warme, liebevolle und tätige Zuwendung für und an die Welt, an die Mitmenschen, an die Naturwesen, für die Erde und sogar an geistige Wesen, die auch unserer Zuneigung bedürfen, geschehen kann. Doch bis eine Ehe so weit gereift ist, müssen zuvor zahlreiche Hindernisse überwunden und gemeistert werden. Und so kann eine Ehe auch einem spirituellen Schulungsweg entsprechen, vor allem, weil sich die Eheleute darin ganz besonders ihren jeweiligen Schattenkräften und Doppelgängern bewusst werden können.

Es gibt ja so einen Spruch, der etwas aussagen soll über die Liebesbeziehungen der Geschlechter: In den ersten Jahren, im ersten Drittel einer Ehe, dominiert der Mann, die Frau folgt ihm gerne nach. Im zweiten Drittel bildet sich ein Gleichstand und Ausgleich heraus und im letzten Drittel will die Frau dominieren, sie gewinnt die Oberhand. Doch liebe Männer, wollen wir das?

Sicher, die Hormonwirkungen lassen im Alter nach, ältere Männer werden ruhiger, auch passiver, denn das Berufsleben hat doch zumeist ziemlich gefordert, so dass das Lebensalter der Männer statistisch gesehen kürzer ist. Ältere Frauen werden dagegen „männlicher", aktiver – und so geht der Geschlechterkampf der verschiedenen Pole oftmals auch noch weiter. Dieser Kampf und Krampf ist meines Erachtens auf der biologischen und seelischen Ebene nicht zu lösen, denn das Verhältnis von Geist und Seele, von Yang zu Yin, von „Testosteron zu Östrogenen" und so weiter, kann nur auf der menschlichen, nicht auf der geschlechtlichen Ebene gelöst werden. Und dies vor allem, wenn der Mann sein geistiges Potential fördert und die Frau ihr seelisches Potential, wenn sie auch ihre seelisch-weiblichen Qualitäten bewahren kann.

Wenn Frauen die besseren „Männer" sein wollen, zum

Beispiel in gesellschaftlichen und politischen Fragen, im politischen Widerstand, so steigern sie sich leichter ins Emotionale und Fanatische hinein. Enttäuschung, Wut, Verbitterung und Kampfeswille sind jedoch seelische Äußerungen. Die Besonnenheit kommt vom Geist, sie ist eine geistige Kraft. Doch geistige Kräfte brauchen im Irdischen eine seelische Umhüllung und damit eine weibliche Ummantelung, die wärmend und haltend etwas auf den „Boden" bringen kann. Und so können auch noch im Alter männliche und weibliche Seelen-Qualitäten, wie ich sie in früheren Büchern etwas näher beschrieben habe, ihre Dienste erweisen und zwar auf einer immer höheren und feineren Ebene. Dazu muss man sich aber über das Biologische, über das Leibliche erheben können.

Auch für eine Partnerschaft im Alter gilt daher: den Partner nicht nur zu gebrauchen für sein eigenes Wohl und für seine persönlichen Neigungen und Wünsche. Dabei ist es wichtig, kein Besitzdenken zu entwickeln und den Partner nicht nur aus den Gewohnheiten des Alltäglichen heraus sehen zu wollen.

Wichtig für eine Partnerschaft ist es, immer wieder erneut ein Interesse am Anderen zu entwickeln. Dadurch können wir gemeinsam auch immer wieder Neuland betreten. Dazu dürfen bestimmte Fähigkeiten er-übt und erprobt werden, die ich hier nur noch kurz aufzählen will:

- Freilassend sein in Gedanken, Gefühlen und Handlungen – die Liebe kann nur in einer Sphäre der Freiheit gedeihen

- eine gute und ehrliche Kommunikation und einen intimen Austausch pflegen
- sich in Uneigennützigkeit üben
- Treue - und sich gegenseitig aufeinander verlassen können
- gemeinsames Wachsen und Reifen in wärmender Liebe, sich gegenseitig mit Zuneigung beschenken
- gemeinsame Zuwendung an die göttlich-geistige Welt
- ein Bewusstsein entwickeln für die gegenseitigen Animus- und Anima-Qualitäten im Seelischen und dann einen Ausgleich und eine Ergänzung suchen
- versuchen, den inneren Kern, das geistige Wesen des Partners zu erfassen. Jeder Mensch trägt in sich einen göttlichen Kern. Erleben wir diesen im Anderen, so erwachen wir über diesen auch zu unserem eigenen inneren Wesenskern.

Schließlich geht es in der Ehe darum, dass wir einmal erfahren dürfen: „Mann und Weib und Weib und Mann reichen an die Gottheit an ...", so wie dies Mozart in seiner Zauberflöte in wunderbaren Stufen, Etappen und Reimen musikalisch ausgedrückt hat. Dazu habe ich in früheren Büchern einiges mehr ausgesagt.

Doch damit soll für die Ehe noch kein Abschluss oder ein Ende vorgegeben sein, denn es gibt einen Weg von der „kleinen" Familie und Partnerschaft zur „großen" Familie, zur Menschheit, zur Menschheits-Familie hin.

Wenn wir uns als Eheleute gemeinsam als ein Glied, als eine „Zelle" in einer viel größeren Gemeinschaft empfinden lernen, dann sind wir nicht mehr in unserer Zweisamkeit oder auch nicht in unseren familiären und sozialen Gemeinschaften begrenzt. Wir werden getragen von einem Menschheits-Geist, der uns erst wirklich miteinander verbinden und aussöhnen kann. Christus ist der Menschheits-Geist, der alles und jeden stärkt und führt, der in ehrlicher und liebevoller Weise das Menschliche, das Gute und Wahre suchen und sehen will. Dazu können Eheleute ganz besonders beitragen, wenn sie beherzigen, was einst ein Friedrich Nietzsche in einem poetischen Spruch zusammengefasst hat:

„Nicht nur fort sollst du dich pflanzen, sondern hinauf – dazu verhelfe dir der Garten der Ehe".

In diesem Sinne können wir gemeinsam in die Zukunft schreiten. Selbst wenn der Tod uns scheidet, bleiben wir doch im Geiste miteinander verbunden. Welch ein Trost!

Denn auch die Verstorbenen können den noch Lebenden gute Partner sein, die begleiten, trösten und ihre Liebe den Hinterbliebenen zuleiten und schenken können. Und dies in beiderseitigem Geschehen. Die Liebe kennt ja keine Grenzen.

In diesem Sinne: ein Hoch auf die Ehe, egal in welchem Abschnitt, am Anfang oder am „Ende" und auf welcher Stufe wir uns befinden mögen.

Der Gral als Weg zum Ausgleich und Zusammenklang von männlichen und weiblichen Seelenkräften

Gerne wird vom Gral als etwas ganz Besonderem, als von einem Höchsten gesprochen, das es, ähnlich wie in einem sportlichen Wettkampf, quasi als eine Sieges-Trophäe zu erringen gilt. Aber so ist es nicht wirklich, denn man kann gar nicht genau sagen, was der Gral eigentlich ist, obwohl es da natürlich viele Zuweisungen und aus der Grals-Geschichte auch etliche Überlieferungen gibt.

Wie aber der Gral uns helfen kann, bestimmte geschlechts-spezifische Unterschiede, also auch den sogenannten Geschlechterkampf auszugleichen, ist aus diesen Grals-Geschichten in der bestehenden Literatur nicht so leicht zu verstehen. Die vorhandene Grals-Literatur liefert hierfür einige Grundlagen, ohne eine kosmologische Erweiterung verbleibt man jedoch zumeist noch im Rätselhaften, auch weil diese Grals-Geschichten hauptsächlich das männliche Element betonen. Die Frauengestalten darin sind zwar nicht unwichtig, aber ihr Entwicklungsweg wird nicht tiefergehend beleuchtet. Das liegt wohl an der damaligen Zeit, als noch in geistigen Bewegungen eine Männer-Dominanz vorherrschte.

Um sich diesem Thema etwas mehr annähern zu können, muss man sich auf einen Weg begeben und da gilt es zunächst, bestimmte weibliche und männliche Archetypen herauszuarbeiten und freizulegen. Denn im Allgemeinen kann man zwar von Animus- und Anima-Eigenschaften der menschlichen Seele sprechen, doch wenn man diese nicht an exemplarischen Figuren und kosmologischen Prinzipien aufzeigen kann, wird es recht schwierig werden, ihre signifikanten Muster und Typologien herauszuarbeiten. Dies ist ähnlich wie in der Alchemie oder in der Spagyrik, wo man ein Ganzes erst einmal in die Grundbestandteile gliedern muss, damit diese gereinigt und „erlöst" werden können, um sie nachher auf einer höheren Ebene wieder zusammenführen zu können. Wie bei der Pflanze zum Beispiel ein Sal-, ein Mercurius- und ein Sulphur-Prozess gefunden werden kann, so besteht das menschliche Seelenleben aus den Kräften des Denkens, Fühlens und Wollens, die normalerweise ziemlich durcheinander und ineinander wirken.

Wenn ich aber mein Seelenleben ordnen, strukturieren und veredeln will, so muss ich mir erst einmal klar werden über die verschiedenen Ebenen und Stufen des Denkens, Fühlens und Wollens, um sie handhabbarer zu machen, um sie selbstbestimmt gestalten zu lernen. Dies kann hier aber nicht ausgeführt werden, da ich diese Stufen in früheren Schriften ausgeführt habe, zum Beispiel im Buch: Auf dem Weg zum Gral.

In ähnlicher Weise kann dieses Vorgehen nun mit den Animus- und Anima-Anteilen der menschlichen Seele geschehen, woraus sich bestimmte Archetypen ergeben, die letztlich einen Entwicklungsweg beinhalten können, auf dem man sich dem Grals-Geschehen nähern kann. Dies wird im Folgenden aber nur mehr stichwortartig geschehen, wodurch sich der Leser vor allem eigene Gedanken und Vorstellungen bilden kann und darf. Die männlichen Archetypen zeigen sich in der Grals-Geschichte als:

Amfortas	Parzival	Gurnemanz	Trevrizent
König	Ritter	Lehrer	Priester,
(Gamuret)			Richter
☉	♂	♃	♄
Vater	Geliebter	erkennend,	Einsiedler
zeugend,	erobernd,	bildend,	richtungweisend,
schöpferisch,	kämpfend	lehrend	prüfend, richtend
unternehmend		(Ehemann)	alter Weiser

Die weiblichen Archetypen für die Anima:

Herzeloyde	Sigune	Kondwiramur	Repanse de Shoye
Königin	Liebende	Ehefrau	Gralsträgerin
☽	♀	Juno	Vesta
die Mutter,	die Wärmende,	die Treue,	die Schützende
nährend,	hingebend,	haltend,	und Hütende,
pflegend,	liebend	bewahrend,	Priesterin des
gebärend		Partnerin	heiligen Feuers

Hier wird nun ersichtlich, dass die bisherige Begrenzung des Weiblichen auf die Ehefrau, die Mutter und die Geliebte nicht ausreicht. In Repanse de Shoye wird eine Frau als Grals-Trägerin geschildert. Dass damit aber auch ein Entwicklungsweg und spiritueller Schulungsweg für die Frau als Priesterin verbunden ist, der zum

Beispiel in der Geschichte: Amor und Psyche, von Apuleus geschildert wird, kommt in den Grals-Geschichten noch nicht so klar heraus.

Juno und Vesta als eigene weibliche Archetypen sind im Asteroiden-Gürtel zu finden. Asteroiden bilden den Übergang von der Mars- in die Jupiter-Sphäre und bieten für das Weibliche, wie auch für das Männliche zahlreiche Archetypen, an denen sich die Seele empor entwickeln kann. Für eine tiefere Beschäftigung damit empfehle ich das Buch von Demetra George über die Asteroiden, wo diese einzelnen Archetypen kosmologisch aufgearbeitet sind. Hier kann ich nicht näher darauf eingehen, nur so weit: Für mich bedeuten die Asteroiden einen Übergang von den persönlichen Planeten bis zum Mars und von da zu den überpersönlichen Planeten Jupiter, Saturn und weiter. Es gibt circa 500 Asteroiden, von einigen Metern bis zu einigen Kilometern Durchmesser und eben zahlreichen Archetypen und Kräften, die das Seelenleben ergänzen und verfeinern können, wie zum Beispiel Ceres, Pallas, Juno, Vesta, Psyche, Eros, Amor, Sappho, Lilith, Toro, Pandora, Icarus, Diana, Hidalgo und Urania.

In einem Horoskop kann mit diesen Asteroiden viel genauer bestimmt werden, in welchen Bereichen diese Qualitäten errungen und gelebt werden können. Dadurch entstehen mannigfaltige Wachstums- und Entwicklungs-Möglichkeiten.

Insgesamt lässt sich feststellen, dass mit diesen Archetypen, also mit den Animus- und Anima-Anteilen der Seele, ein Entwicklungsweg verbunden ist, der einem Reinigungs- und Läuterungs-Prozess gleicht, um von den irdisch-sinnlichen Ebenen über seelische Abgründe und Versuchungen bis zu veredelten Ebenen des Seelischen heranreichen kann, um dann in eine Berührung mit dem Geistigen, mit dem Gral kommen zu können. Dies soll wiederum exemplarisch aufgezeigt werden. Dabei ist zunächst der dunkle und leidvolle Bereich zu durchschreiten.

Das männliche Element erleidet in Gamuret und in Shionatulander den Tod, das heißt, das Ritterliche, die Marskraft muss sich wandeln. Das Königliche in Amfortas leidet, ist krank, weil es seine dunkle Seite noch nicht veredeln konnte.

Herzeloyde beziehungsweise das weibliche Element verliert ihren Gemahl Gamuret und ihren Sohn Parzival. Sigune trauert um ihren Geliebten Shionatulander, das heißt, das weibliche Element macht eine Art Pieta durch. Damit wird hier ein Weg sichtbar, der einer Auseinandersetzung mit dem „klassischen" Rollenverständnis des Männlich-Weiblichen bedarf. Denn wir dürfen die dunklen Kräfte des Männlichen, den Klingsor und des Weiblichen, der Kundry nicht vergessen, also die schwarze, die seelisch zu wandelnde Seite.

Grundsätzlich gesagt, bedeuten die sinnlich-irdischen Attribute die rote Ebene, die mehr geistigen Seelenkräfte die weiße Ebene, so dass wir die Farben Rot, Schwarz und Weiß als eine Gesamtheit betrachten dürfen. Letztlich offenbaren sich in den Farben Rot, Schwarz und Weiß seelische Ebenen und Zustände, die im Spirituellen einen Entwicklungsweg beinhalten.

Es folgt zunächst die dunkle, die schwarze Seite für das Männliche:

☉	♂	♃	♄
Tyrann	Aggressor	Protz	Maßregler
manipulierend,	zerstörend	Angeber	Ankläger
beherrschend	oder Feigling,	hochstabelnd	verurteilend,
oder unter-	Schwäch-	oder fühlt sich	kritisierend
würfig	ling	minderwertig	oder struktur-,
Herodes,			meinungslos
Sorat	Asuras	Luzifer	Ahriman

Die seelisch dunkle Seite kann eben in einem Übermaß
oder in einem Mangel gelebt werden.
Für die Kundry, das dunkle Weibliche gilt:

Schwarzmond	Lilith	Juno	Vesta
(dunkler ☽)	(dunkle ♀)	Pandora	Kali, Hel
Rabenmutter,	Verführerin	klammernd,	abweisend,
Macht, ver-	verlockend	nörgelnd,	zurück-
langend oder	oder spröde	krank-	stoßend,
Glucke		machend	Sophia-
Königin der	Salome		Achamoth
Nacht, Herodia	(Schlange)	(Kratzbürste)	(Hexe)
(Drache)		(Beißzange)	

Erst wenn die dunkle, die schwarze Seite erkannt wurde
und die Seele allmählich bereit wird, zumeist erst nach
zahlreichen Leiden, sich einem Höheren hinzugeben und
diesem dienen zu wollen, damit das Schwarz in ein Blau
der Hingabe und des Dienens gewandelt wird, kann eine
lichtere und reinere Ebene, die weiße Seite erscheinen,
so wie dies Maria gegenüber dem Verkündigungs-Engel
aussprach: „Mir geschehe nach deinem Wort".

Für die Anima kann die weiße Ebene dann so aussehen:

☽ - Diana (Natur)	♀ - Psyche,	Juno-Pallas	Vesta-Urania
die große Mutter,	Sappho	Gerechtigkeit,	Tantra,
Mutter Theresa	Kunst und	Heilung,	Trägerin des
	Freiheit	Weisheit	geistigen
			Wissens

Somit finden sich auf dieser Ebene bestimmte Asteroiden, die aufzeigen können, wohin die weibliche Seele sich entwickeln kann. Für das Männliche gilt dann entsprechend:

- von der Sonne, dem Königlichen, dem Unternehmer, Vater und Schöpfer führt ein Weg über Icarus, dem Befreier zu Apollo, dem Träger der Sonnenweisheit
- vom Mars, dem Eroberer geht der Weg zu Toro, dem Stier-Bezwinger und zum spirituellen Krieger, über Eros und Amor bis zu Dionysos, der die Grenzen des Seelischen zu sprengen vermag
- vom Jupiter, dem Gelehrten geht der Weg über Hidalgo, dem Kämpfer für Gerechtigkeit und einem Einsatz für die Armen und Schwachen zum gütigen und wohlwollenden Meister
- vom Saturn, dem Eremiten und Einsiedler geht der Weg über eine Selbst-Erziehung und Heilung zum Planetoiden Chiron, dem weisen Seher und Priester. Chiron verbindet die Saturn- mit der Uranus-Umlaufbahn und ist ein Hüter des geistigen Wissens.

Insgesamt kann dadurch ersichtlich werden, dass auf diesem Wege das priesterliche und das königliche Element zusammen kommen müssen, um ein Grals-königtum erringen zu können, das erst wirklich reif für den Gral machen kann.

Sonne und Jupiter bilden zusammen den Königsweg; Mars und Saturn zusammen den Priesterweg. Entsprechend für die Anima soll sich das mütterliche Prinzip mit der treuen Partnerin als Königinnen-Weg verbinden, die Geliebte geht den Weg der Einweihung bis zur Venus-Urania, der Priesterin und Muse, die aus den Sternensphären die Musik und die Kunst inspirieren hilft.

Dabei ist zu beachten, dass hier das Seelische für die Anima und den Animus in einer Vierheit erscheint. Das geistige Urbild davon erscheint jedoch in einer Dreiheit, so wie diese im Spirituellen bekannt ist. Wollen wir vom Sinnlich-Seelischen in das Geistige eintreten, müssen wir uns an das geistige Urbild wenden, aus dem wir mannigfaltige Impulse für das Leben im Irdischen erhalten können. Das Irdische untersteht ja der Zahl Vier, das Geistige der Drei. Diese Dreiheit wurde für das Geistig-Weibliche in früheren Zeiten so beschrieben:

virgo clemens	virgo potens	virgo fideles
die gütige Jungfrau	die mächtige J.	die milde, reine J.
Erdenmutter	Seelenmutter	Sternen-Königin

Wir gedenken ihrer als:

Maienkönigin	Schnitterin	die Mädchenhafte
Rot	vom Schwarz ins	Weiß
sinnliche Frau	Blau des Dienens	(Maria Lichtmess)
Maria	Isis	Sophia
Werden	Vergehen	Entstehen
zunehmender Mond	abnehmender M.	Neumond
Madonna mit Kind	schwarze Madonna	die Braut

In christlichen Madonnen-Bildern wird das kosmisch-irdische Weibliche in den Farben Weiß (Kopftuch), Rot (inneres Gewand) und Blau (Mantelumhang) dargestellt. Somit sind da alle drei Attribute des Ewig-Weiblichen aufgezeigt, weil sich das Schwarz in das Blau des Dienens gewandelt hat.

Die apokalyptische Frau aus der Offenbarung des Johannes offenbart sich mit dem Mond unter den Füßen. Ich nenne diesen Aspekt Isis, weil sich die Göttin Isis in der ägyptischen Mythologie auch mit dem Dunklen und „Unbewussten", mit dem dunklen Bruder des Osiris eingelassen hat und daher im Seelenleben des Menschen diesem bis in die dunkelsten Monden-Bereiche und seelischen Abgründe hilfreich, begleitend und führend beistehen kann. Die Sonne im Herzen der apokalyptischen Frau verweist auf Maria, auf die Erdmutter, die das Sonnenkind, den Christus in sich gebären kann. Die Sterne über dem Haupt, das ist der Sophien-Aspekt, die himmlische Weisheit, die sich in der Anima, also in der weiblichen Seele als Braut mit dem Bräutigam, mit dem kosmischen Animus, mit Christus vermählen will.

Maria – Isis – Sophia – das sind die Namen für das geistige Urbild des Ewig-Weiblichen, das uns bekannterweise „hinanziehen" will, um mit dem Ewig-Männlichen eine Heilige Hochzeit zu feiern, so wie dieses Ereignis jedes Jahr an Himmelfahrt und Pfingsten urbildlich im Kosmischen stattfindet. Diese Hochzeit kann sich auch in der Seele des Menschen ereignen, wenn dieser sich seiner Anima- und Animus-Anteile bewusst geworden ist und diese in geläuterter Form in sich integrieren konnte.

Für das Ewig-Männliche ergibt sich entsprechend:
Das Rot – das Königliche
Amfortas wird bereit, sich zu opfern – Tod – Wandlung
– die seelische und sinnliche Liebe opfert sich für die
geistige Liebe (vom Amor zu Apollo).
Das Schwarz – der Krieger
Parzival bezwingt durch die Begegnung mit Trevrizent
seinen Kämpfer und Streiter in sich selbst - auch hier:
Tod und Wandlung. (Von Mars zu Toro, dem Stier-
bezwinger - so wandelt sich Parzival zum spirituellen
Krieger, der den priesterlichen Weg, den Einweihungsweg beschreiten will).
Wenn sich das Königliche, das schöpferische Prinzip
dem Wissenden und Lehrenden zuneigt und das kämpfe-
rische Prinzip, das Ritterliche dem priesterlichen Prinzip, dem Entsagenden und sich Hingebenden zuwendet
und diese sich allmählich vereinigen können, entsteht
das, was wir einen Priesterkönig nennen.
So wie das Ewig-Weibliche in Maria, Isis und Sophia als
eine Ganzheit erscheint, so auch das Ewig-Männliche in
Christus – nämlich als

König	Freund	Auferstandener
Logos	Heiler	Bräutigam
Schöpfer	Tröster und	Kindprinzip, Neues
(Vater)	Begleiter	ersteht, Freiraum
Tag-Sonne	Nacht-Sonne	Dämmerung

Finden wir diese drei Aspekte des Ewig-Weiblichen und
des Ewig-Männlichen in unserem Geist und lassen diese
unsere Seele befruchten, so wachsen wir in das Grals-

Gebiet hinein. Der Gral ersteht im Menschen, wenn dieser eine Vereinigung der kosmisch-geistigen Prinzipien in seiner Seele nachvollziehen kann. Dazu kann der jeweilige Partner helfen, weil dieser aufzeigt und spiegelt, wo man selbst in der eigenen Animus- oder Anima-Ebene steht oder noch gefangen ist. Somit dienen Partnerschaften im Lichte des Gral vor allem dazu, sich gegenseitig zu erkennen und sich dabei behilflich zu sein, die seelischen Abgründe zu durchschreiten, um sich immer näher an die geistigen Urbilder herantasten und hin-entwickeln zu können.

Nun möchte ich hier noch einige Gedanken zu den Grals-Königen anführen, so wie sie geschichtlich überliefert sind.

Die einzelnen Grals-Könige sagen etwas aus über die zeitlichen Erfordernisse, die auf einem Grals-Weg, quasi als Urbilder und Wegweiser, anzueignen sind. Da wäre zunächst Titurel zu nennen. Er verweilte als ein Hüter des Gral noch stark im Geistigen, hatte aber im Irdischen die Burg beziehungsweise eine irdische Stätte für den Gral geschaffen. Er ist der Repräsentant für die Empfindungsseele, so wie diese vor allem in der ägyptischen Zeitepoche, also in der Stier-Zeit ausgebildet wurde, als die Pharaos noch Gottkönige waren.

Amfortas ist nun der Repräsentant der Verstandesseele. Bei ihm wurde offenbar, dass sich eine gewisse Spaltung vollzog und zwar in das intellektuelle Kopfdenken und in das Triebhaft-Leidenschaftliche hinein. Die Verstandesseele wurde hauptsächlich in der Widderzeit ausgebildet, also in der griechisch-römischen Zeitepoche.

Parzival beginnt als tumber Tor, wird dann zum Ritter, der folglich immer noch eine Widder-Qualität offenbart und muss dann durch viele Kämpfe und Irrungen hindurch, bis er von sich selbst loslassen kann, was dann einer Fische-Qualität entspricht.

Parzival ist nun der Repräsentant für die Bewusstseinsseele und damit für uns heutige Menschen, das heißt, er muss den Grals-Weg selber finden, gehen und erringen. Amfortas war ja noch ein leiblicher Erbe aus dem Grals-Königtum.

Die Grals-Geschichte im Parzival-Epos zeigt, dass beim Grals-König Amfortas das priesterliche Element verloren ging, da Trevrizent, der priesterliche Einsiedler, getrennt von der Grals-Gemeinschaft, Rückzug und Buße auf sich genommen hatte für die Vergehen, die Amfortas der gesamten Gemeinschaft angetan hatte. Als dann Parzival nach langem Suchen selbst zum Grals-König erkoren wurde, endet die Geschichte damit, dass der Gral in die Ferne, in den Osten zieht, wo dann der geheimnisvolle Priesterkönig Johannes über das zukünftige Grals-Geschehen wacht.

Es ist die Fischezeit, die nach dem Widder dafür verantwortlich ist, dass der Gral beziehungsweise das Grals-Motiv nicht mehr im Irdischen zu finden ist. Eher wird nun vom sagenumwobenen Shambala oder der Stadt Kitesh gesprochen, das sind übersinnliche, transzendente Orte, die nur von ganz reinen Menschen betreten werden können. Galahad ist hierfür der Repräsentant, denn er hat die Fähigkeit errungen, das Priesterliche mit dem Königlichen miteinander zu verbinden, so wie dies in der kommenden Wassermann-Zeit vorbereitet werden kann. Parzival konnte ja erst Grals-König werden, nachdem er von Trevrizent, dem alten priesterlichen Weisen, in die Mysterien des Gral eingeweiht wurde.

Doch ein Ausblick in die weitere Zukunft offenbart ein zukünftiges Grals-Königtum. Bron wird da geschildert als ein Familienvater, der ganz irdisch lebt und doch das Amt eines Hüters des Gral ausführen kann. Dies wird erst in der späten Wassermann- und der nachfolgenden Steinbock-Zeit zu erringen sein, vor allem, wenn neue Gemeinschaften entstehen, die sich im Gral miteinander verbunden haben.

Dabei wird es die vordringliche Aufgabe sein, das Königliche mit dem Priesterlichen zusammen zu bringen, damit ein geistiges Priesterkönigtum entstehen kann. Das heißt aber auch, dass diese Vereinigung beim Mann wie auch bei der Frau stattfinden darf, wo dann wiederum von einem Priesterkönig und einer Priesterkönigin gesprochen werden kann. Männer und Frauen können Priester und Könige im Geiste werden.

Gewiss, dies wird noch lange dauern, bis einmal eine Frau ein solches Amt im Irdischen ausführen wird. Jedoch, Mann und Frau, beide können den Gralsweg beschreiten, da die männlich-weiblichen Qualitäten im Gral selbst veranlagt und enthalten sind, so wie ich diesen Weg im Folgenden an Hand der Grals-Symbole nur noch kurz beschreiben will.

Wenn der Gral heute nicht mehr im Irdischen wirken kann, weil die Atmosphäre in der Welt viel zu materialistisch und geistlos geworden ist, so ist es vor allem wichtig, dass wir uns innerlich, in unserem Seelenleben auf die Suche nach dem Gral begeben wollen. Dies bedeutet und bedingt einen meditativen Weg, der sich an den Chakren, den Wesensgliedern und an gewissen seelisch-geistigen Tugenden und Fähigkeiten orientiert. Da dies jedoch kein einfacher Weg ist, werde ich in diesem Kapitel einführend damit beginnen und in den nächsten Abschnitten vertiefend darauf eingehen.

Zunächst deutet auf der physisch-leiblichen Ebene beziehungsweise im Wurzel-Chakra der Grals-Speer darauf hin, dass wir eine Erlösung von den Kräften der Macht erringen sollen. Der Speer der feurigen Macht kann nach Außen gerichtet werden, wo er andere vereinnahmen oder besiegen will. Auf dem Gralsweg muss er nach oben ausgerichtet werden, da geht es darum, Macht über sich selbst, also im eigenen Seelenleben zu gewinnen. Der Speer ist ein männliches Gralssymbol.

Dann folgt auf der Ebene des Lebendigen ein Stein, der alle Gralsritter speisen kann. Ein lebendiger Stein, ein durchscheinender und offener Kristall, der die Kräfte des Ätherischen in sich tragen kann, deutet auf die Erdkräfte hin, die im Sakral-Zentrum, im zweiten Chakra einwirken, wenn dieser „Stein" als ein Altar gebraucht wird, auf dem sich ein Opfergeschehen vollziehen kann. Der Stein ist ein weibliches Symbol.

Das Schwert, es steht für Kampf, im Grals-Geschehen aber nicht für den Kampf nach Außen, sondern in der eigenen Astralität, die hier erkannt und dann geopfert und gewandelt werden soll. Das Schwert ist wiederum ein männliches Symbol und deutet auf das Solar-Plexus-Chakra hin, wo es um persönliche und zutiefst seelische Interessen und Eigenheiten geht.

Und dann die Schale, der Kelch als Symbol für die Herzenskräfte, die eben eine Schale für den Geist bilden und bereiten sollen. Die Schale ist wiederum ein weibliches Symbol und kann im Ich gebildet werden, das im Herzen zu sich selbst erwacht. Vom Ich aus geht dann der Gralsweg weiter zu den höheren Ebenen des geistigen Seins.

Es erscheint ein Name, der dem Suchenden offenbart, was seine geistige Aufgabe, was sein Auftrag ist. Der Name Parzival bedeutet: Mitten hindurch oder auch: durch das Tal. Hier geht es darum, dass wir in der Welt aus dem höheren Ich heraus tätig werden. Dafür braucht es wieder ein aktives, ein männliches Element. Der Name wird erscheinen, wenn sich die weiblichen Kräfte der Herzens-Schale dem Höheren zuwenden lernen.

Wenn dann der geistige Auftrag, die geistige Aufgabe angenommen wird, kann im Symbol der Taube die Weisheitskraft erscheinen, die uns zu immer höheren Ebenen des Geistes hinführen will. Mit der Taube sind wir im Stirn-Chakra angekommen, wo sich menschliches Denken mit kosmischen Gesetzen und Inspirationen verbinden kann. Und schließlich führt die Taube, wiederum ein weibliches Symbol, in die höchste Ebene ein, in der wir die Geistesflamme und das heilige Blut, das rosenfarbene Blut des Erlösers empfangen dürfen.

Hier erst ist die Ebene erreicht, wo die männlichen und die weiblichen Qualitäten in einen Zusammenklang, in einer Einheit verwirklicht sind. Doch diese Ebene erreichen wir nur noch in einem Akt der Gnade, die wir nicht selbst erzwingen können.

Nun kann man dieses Geschehen als einen Stufenweg

beschreiben, der eben von unten, vom Leiblichen beziehungsweise in den unteren Chakren beginnt und die Wesensglieder hinauf arbeitet bis zum hohen Selbst, dem Manas, Budhi, Atman. Jedoch wird es auch vonnöten sein, von oben, von den oberen Chakren nach unten zu arbeiten, da wir sonst sehr leicht von astralen und triebhaften Kräften attackiert werden können.

Letztlich geht es um ein spielerisches Vermögen, das hier entwickelt werden soll, wobei wir immer das Ziel, das kosmisch-geistige Blut beziehungsweise die allumfassende Liebe und Kraft des heiligen Gral im Bewusstsein haben sollten. Denn von da kommen uns auch die Hilfen zu, wenn wir uns wieder einmal im Dickicht unseres Seelenseins, in unseren Schatten verrannt haben. Somit fungiert die „schwarze", die Schatten-Seite immer auch als Mahner und Begrenzer, die uns aufruft, immer wieder an uns zu arbeiten, damit wir die weiße, die geistige Ebene unseres eigenen Seelenweges erreichen können. Denn von da aus wird der Weg zu den geistigen Höhen, zu den Mächten des Himmels frei, die uns in einem Akt der seelischen "Himmelfahrt" weiten und beglücken können, weil eben das Ewig-Weibliche und das Ewig-Männliche in uns selbst, in unserem Herzen und in unserem Geist eine Hochzeit halten können.

Sodann kann jeder Einzelne, ob Mann oder Frau, etwas von diesem Himmelsblut des Grales, von der Liebe des Christus zur göttlichen Sophia in sich selbst erfahren. Das ist ein reales Pfingstgeschehen in der Menschen-Gemeinschaft, wie auch in der Partnerschaft und im Zusammenklang des Weiblichen und des Männlichen im göttlichen Geist der Weisheit und der Liebe.

Der Gral als Lebensbrunnen

Wie wir im vorigen Kapitel beschrieben haben, geht es vor allem darum, dass alle sieben Ebenen des Grals-Weges in einem meditativen Bewusstsein erschlossen werden. Dazu wäre zu den einzelnen Ebenen und Symbolen noch viel mehr zu sagen und so möchte ich hier eine vertiefende Betrachtung wagen, die uns etwas näher an das Wesen des Gral heranführen kann.

Denn es geht ja nicht nur darum, in die siebte Ebene, in die Sphäre des himmlischen Blutes aufzusteigen, sondern um die Anwendung, um das Hereinbringen der Geistesflamme beziehungsweise des Grals-Blutes in das irdische Leben.

Die himmlische Christusliebe will sich im Menschen mit der göttlichen Weisheit verbinden und dies geht ja nur, wenn der Mensch sein Herz dafür öffnet, wenn er also eine Herzensschale in sich ausbilden kann. Dann erst erscheint die Taube der Weisheit über der Schale und befruchtet auf diesem Wege das Hals-Chakra, damit der Mensch erfährt, was seine göttliche Bestimmung für das Leben in der irdischen Welt ist.

Ich habe in einer früheren Schrift (Vom Ankommen im Lichten Zeitalter) schon einmal dargelegt, wie der Mensch durch die Entwicklung bestimmter Tugenden seelische Räume erschließen kann, in die sich daraufhin höhere Kräfte und Wesen einleben können. Für das Hals-Chakra sind es die Qualitäten aus dem sogenannten achtgliedrigen Pfad, so wie dieser ursprünglich von Gautama Buddha gelehrt wurde.

Für das Stirn-Chakra braucht es ein logisches, vernünftiges und lebendiges Denken und für das Kronen- oder Scheitel-Chakra eine Hingabe, Andacht und Verehrung für den himmlischen Geist. Von oben her kann dann dieser Geist in den Menschen einwirken. Damit dieser aber im Menschen eine „Wohnung" finden kann, muss sich die Herzens-Schale dem Höheren gegenüber ausbilden und öffnen können. Dazu dienen vor allem die sechs Nebenübungen, die uns Rudolf Steiner überliefert hat. Diese Übungen beziehungsweise die seelischen Fähigkeiten daraus, bilden erst die Grales-Schale, wenn diese ichhaft erworben wurden.

Das menschliche Ich bildet im Menschen eine Mitte, von wo er sich nach oben, zum Geist hinwenden kann oder eben nach unten, zu den leiblichen und irdischen Lebensweisen und dann auch nach außen, zur Mit- und Umwelt hin. Aber erst wenn er die unteren Bereiche des Leiblich-Seelischen angenommen und gewandelt hat, ist er wirklich reif, sich auch den höheren Sphären zuwenden zu können.

Die menschliche Seele enthält alle planetarischen Sphären vom Mond bis zum Saturn, die den Chakren-Energien entsprechen. In einer früheren Schrift habe ich diesen Chakren-Ebenen zusätzlich noch bestimmte Tierkräfte, quasi Krafttiere zugewiesen, die uns stärken und die wir brauchen, um mit deren Hilfe in die unteren Chakren-Ebenen sicher einsteigen und dann auch durchgehen zu können.

Für das Stirn-Chakra, also der Jupiter-Sphäre, hilft uns die Taube der Weisheit, aber auch die Erkenntniskraft des Adlers, wie wir später noch erfahren können.

Für das Hals-Chakra findet sich der Hirsch, der sich mit seinem Geweih den höheren Energien zuwenden kann. Die Marskraft dieser Ebene, das Ich will, der Eigenwille, soll sich dem höheren Willen öffnen.

Für das Herz-, das Sonnen-Chakra brauchen wir die Mutkräfte des Löwen. Ichhaft und tapfer sollen wir das Schwert der Erkenntnis in die unteren Seelen-Ebenen einführen, denn von dort kommen uns die Kräfte des Drachen- und Schlangenhaften, wie auch eine reißende Wolfs-Energie entgegen, so wie diese zum Beispiel in der germanischen Mythologie als die Riesen, die Midgardschlange oder als Fenris-Wolf beschrieben sind. Das Ich als Herzensmitte bildet nun die Schale, mit der sich der Mensch dem Oberen zuwenden und zuneigen kann. Doch das Ich muss auch mit festem Griff das Grals-Schwert der Erkenntnis ergreifen, um die Drachen- oder Doppelgängerkräfte in sich erkennen und bändigen zu lernen.

Im Solar-Plexus-Chakra finden sich die Riesen- oder Drachenkräfte, die den Menschen vereinnahmen und verblenden wollen. Die venusische Wunschnatur, die heutzutage riesengroße Ausmaße angenommen hat und dabei die natürliche Welt immer stärker schädigt und zerstört, muss durchschaut und begrenzt werden, ansonsten verschlingen die Riesen und Drachen die gesamten Lebensgrundlagen unseres irdischen Seins.

Für dieses dritte Chakra braucht es dann vor allem die Fähigkeiten der Disziplin, der Tapferkeit, des Ernstes, aber auch ein Verantwortungsgefühl für die Natur und für die Erde als einem Lebewesen, in deren Dienst wir uns stellen dürfen. Wenn wir unsere Wunschnatur, das

persönliche „Ausleben-wollen" unserer leiblichen Ge-
lüste und unserer emotionalen Ergüsse nicht in den Griff
bekommen, werden die Riesen, die Finanz-Industrie und
die Riesen-Konzerne immer mächtiger und uns längerfristig gesehen in immer größere Zwänge hineintreiben
müssen, bis wir uns selbst beherrschen lernen, damit es
nicht nur uns, sondern vor allem auch den Wesen der
Natur und des natürlichen Lebens gutgehen kann.

Werden die Drachenkräfte nicht im Inneren wahrgenommen, gebändigt und erlöst, werden sie immer mächtiger
auch im Äußeren erscheinen müssen.

Jedoch sind wir damit noch nicht an einem Ende angekommen. Das zweite Chakra, das Sakral- oder Nabel-
Chakra verweist auf die merkuriellen Kräfte des Lebendigen. Doch diese Ebene ist in unseren Tagen am
meisten gefährdet. Die Schlangenkräfte der Versuchung
und Vernebelung wollen den Menschen so verführen,
dass er nur noch „am Boden kriecht", nur noch das
Materielle, das irdische Sein als einzige Realität aner-
kennt. Angebote der Zerstreuung und des schönen
Scheins erfüllen die Welt. Im Rausch des „persönlichen
Glücks" verliert der Mensch die Kenntnis seiner kosmischen Abstammung und Aufgabe.

Auf dem Grals-Weg erscheint hier der Stein als ein
wirklicher Lebensbrunnen, der die Menschen speist und
ernährt. Doch damit ist ein tiefes Mysterium verbunden.

Steine in Brot zu verwandeln, dies trug schon der
Versucher in der Wüste an Christus heran. Ja der Stein,
also die Materie, wird heutzutage in großem Stil ausgebeutet, um damit „Geld zu machen", mit dem man alles
kaufen kann. Doch Christus spricht: Der Mensch lebt

nicht vom Brot allein, sondern vom Wort Gottes, das in allem lebt. Und: „Ich bin das Brot des Lebens" - dem Leben, das keinen Tod mehr kennt.

Das heißt mit anderen Worten, wenn wir nur noch das Irdische sehen wollen, verlieren wir mehr und mehr den lebendigen Geist. Und so wandeln und kriechen wir allmählich nur noch wie die Schlangen auf der Erde herum beziehungsweise erfahren wir in der Folge die Kräfte des Skorpions, der in noch tieferen Sphären mit seinem tödlichen Stachel lauert. Um diesem entgehen zu können, um die Materie, um den Stein wieder verlebendigen zu können, braucht es wiederum gewisse Tugenden und Fähigkeiten, die diesem zweiten Chakra entsprechen.

Der Stein kann hier als Symbol angeführt werden, wenn wir seine lichthafte Natur erkennen wollen. Ein Stein ist fest, schwer und nicht leicht zu durchdringen. Er verhüllt sein Inneres. Als Tugenden, die die innere Lichtnatur der Materie erfassen können, seien hier die drei Tugenden genannt, wie sie in der Zauberflöte von den drei Knaben gesungen werden, nun aber etwas abgewandelt für die heutige Zeit. Bei Mozart heißt es ja: Sei standhaft, duldsam und verschwiegen.

Standhaft und fest soll unsere eigene innere Einsicht, soll unsere Treue gegenüber den Wahrheiten aus der geistigen Welt sich zeigen. Dafür kann der Stein ein Bild sein.

Duldsamkeit und Geduld, auch ein schweres Schicksal annehmen und tragen zu lernen, ist ein weiteres Merkmal, mit dem wir reif werden, das irdische Schicksal tragen zu lernen. Damit treten wir in das Innere des Steins, in die Tiefe des irdischen Lebens und Schicksals.

Und schließlich noch die Verschwiegenheit. Noch zu Zeiten Mozarts war es verboten, etwas preiszugeben von Mysterien-Inhalten, weil die Bürger zumeist noch nicht reif waren für die tieferen Erkenntnisse des Schicksals und der Welt. Heutzutage sind die Erkenntnisse daraus lebensentscheidend geworden, denn ein Weiterleben nur im äußeren Schein, würde zum Untergang alles menschlichen Daseins führen müssen. Erst wirkliche geistige Erkenntnis und die Schulungswege dahin, haben die Kraft, den Menschen aus den allzu niedrigen Klammerungen des Irdischen zu befreien. Demzufolge sind viele Offenbarungen aus den verschiedensten Mysterien-Zusammenhängen in heutiger Zeit einsehbar, vor allem in der Anthroposophie, in der Theosophie und in östlichen und schamanischen Geistesströmungen.

Gewiss, man soll auch heute nicht alles gedankenlos aus-plappern, was da so alles zu erfahren ist. Denn auch hier ist eine Möglichkeit der Zerstreuung gegeben, wenn man ein bisschen hier, mal etwas dort hineinschnuppert und dadurch recht leicht ein klares und strukturiertes Lernen und Üben verwässert werden kann.

Denn der Stein und da vor allem der Kristall weist in seiner klaren und durchscheinenden Art darauf hin, wie wir auch selbst in diesem 2. Chakra erscheinen können: In sich ruhend, mit klarem Geist, konzentriert, stabil und geschützt, aber auch in sich, in seiner Lichtnatur tief verbunden mit den höchsten Wesen der geistigen Welt. Dahin zu kommen, dazu lädt der Stein, die feste Materie ein.

Nicht nur brauchen und gebrauchen sollen wir die Materie, so wie dies zum Beispiel in der Kernspaltung bis zu deren Zerstörung reicht, denn die Materie ist in ihrem tiefsten Sinn und Sein geistiger Natur. Und so kann uns die Materie, also auch ein Stein speisen, was ja auch im irdischen Sinne zutrifft, wenn wir mit unserer Nahrung nicht nur Pflanzen und Tiere zu uns nehmen, denn auch Mineralien, Kohle, Öle, verschiedene Erden, ja überhaupt alles Irdische trägt dazu bei, dass wir unseren Körper und unser irdisches Leben erhalten können.

Doch ohne das Wort Gottes, das im Schöpfungsgeschehen in die Materie hinein-geronnen, hinein-gestorben ist und das auf die Erweckung durch den Menschen geduldig wartet, bleibt die Materie tot und so werden wir daher immer auch von Todesprozessen begleitet sein.

Treten wir aber ein in die Stille, in die innere Konfiguration, in das Lichthafte, Dauernde, in das Unvergängliche, in das Schöpferwort, in den Logos, der aller Welt zugrunde liegt, kann erst eine wirkliche Speisung aus den Sphären des Schöpfergottes erfolgen. Diese speist mit himmlischem Licht, mit himmlischer Liebe und mit göttlichem, mit ewigem Leben.

Dazu muss der Speer des Schicksals, also die Willenskraft des Menschen, der sein Leben und Schicksal selber gestalten will, nach oben, zum Geist, zum göttlichen Willen ausgerichtet werden. Geschieht dies nicht, haben die Klingsor-Mächte beziehungsweise die gierige Natur des Wolfes ein leichtes Spiel. Und diese wollen ja alles Geistige und damit auch alles Lebendige vernichten.

Doch in und mit diesem inneren Speer hat der Mensch eine Wahlmöglichkeit. In unserem Willen sind wir frei, uns zu entscheiden: für die göttliche Barmherzigkeit und Güte oder für die Gier nach noch immer mehr, dessen

Resultat aber der Tod, die Zerstörung und Vernichtung von allem Lebendigen auf der Erde ist. Und da wollen wir doch nicht enden.

Dies bis hierher Dargestellte lässt sich folgendermaßen zusammenfassen.

Auf dem Grals-Weg gibt es schwerpunktmäßig drei Bereiche des Seelenlebens, denen wir eine besondere Aufmerksamkeit widmen sollten.

Da ist zunächst der zentrale Herzbereich, die Mitte, von der wir uns nach unten, zu den Mondenkräften, zu den irdischen Belangen hinwenden können. In der Herzmitte findet sich das Ich, das sich frei entscheiden kann, wenn es die seelischen Tugenden und Fähigkeiten der Gedankenkontrolle, der Willensertüchtigung, eines inneren Gleichmutes und damit einer Besonnenheit und Gelassenheit, wie auch einer positiven Lebenshaltung und Unbefangenheit, also auch einer Vorurteilslosigkeit, wie sie eben durch die sechs Nebenübungen erworben werden können. Diese kommen zu den bekannten Herzens-Tugenden der Freundlichkeit, des Wohlwollens, der Hilfsbereitschaft, sowie einem achtsamen Taktgefühl, einer inneren Freude und schließlich einer warmen Liebesfähigkeit noch hinzu. Damit können wir mit diesen zwölf Herzens-Tugenden allmählich in die unterbewussten Mondsphären eintreten und diese zu wandeln versuchen. Dabei sind wir nicht allein, denn die weibliche Göttinnen-Kraft der Isis vermag es, auch das Dunkle zu durchlichten.

Und so findet sich im 2. Chakra, im japanischen Hara-Bereich, wo es vor allem um eine gesunde Wechselwirkung mit den natürlichen Lebenskräften geht, ein weiterer Schwerpunkt in der Seelen-Entwicklung, der in unseren Tagen immer wichtiger wird. Elektromagnetische Strahlungen, denaturierte Nahrungsmittel und die verschiedensten chemischen Gifte verbrauchen sehr viel Lebensenergie, mit der wir uns vor diesen Einflüssen schützen müssen. Und wenn man bedenkt, dass die Energie dorthin fließt, wo wir unsere Aufmerksamkeit hinschicken, kann recht leicht eingesehen werden, dass wir durch unseren Medienkonsum sehr viel Lebenskraft an bestimmte technischen Medien verlieren beziehungsweise an die Wesen, die sich davon nähren. Ein Missbrauch und eine Überlastung der Lebensenergie führt zur Schwächung des Immunsystems und dies wird die nächsten Jahre noch zunehmen müssen. Burn out, Erschöpfung, Infektanfälligkeit bis hin zu Depression und Demenz gab es in früheren Zeiten in diesem Ausmaß noch nicht. Und so wird eine spirituelle Ertüchtigung und Inanspruchnahme geistiger Kräfte immer wichtiger, um diesen negativen Tendenzen etwas entgegensetzen zu können.

Der Sonnen-Herzbereich kann von der göttlichen Mutter, der Erdmutter Maria genährt werden, die im Herzen ihr Kind, den Christus-Sonnengeist schützend und bewahrend umfängt, Und dies, wenn die Seele selbst sich marienhaft dem Sonnenhaften, der Geistes-Sonne zuneigen und zueignen kann: „Siehe, ich bin deine Magd".

Und schließlich der dritte Schwerpunkt im Stirn- und Hauptesbereich. Viele Menschen sind ja heute ach so stolz auf ihr Wissen und ihre Gescheitheit. Dies reicht für einen spirituellen Schulungsweg aber noch nicht aus.

Erst wenn zum Wissen eine höhere Vernunft hinzukommt, kann das Wissen in einem gesunden Sinne angewandt werden. Heute kann ja an vielen Orten schon gesehen werden, wie ein abstraktes Gedankenwissen in den mannigfachen technischen Errungenschaften eher immer neue Probleme bereitet, als es einer gesunden Förderung der Menschheit dienlich sein kann.

Daher muss auch die Vernunft, die menschliche Weisheit, also das Jupiter-Stirn-Chakra noch von etwas Höherem impulsiert werden. Und dieses ist das Menschliche selbst.

Normalerweise wird unser sogenanntes assoziatives Denken von Gefühlen und Willensregungen durchmischt, so dass diese Art des Denkens im Laufe eines Tages alle möglichen Einfälle, Erinnerungen und Vorstellungen beinhaltet. Frei von diesen Tagesstimmungen im Denken wird man durch ein objektives, wissenschaftliches Denken, so wie sich dieses in unserer Zivilisation herausgebildet hat. Doch dieses Denken ist tot. Gedanken daraus tragen kein Leben in sich. Daher muss das Anwenden von solchen mathematisch-exakten Gedanken in der Technik auch lebensvermindernd wirken. Um dieses abstrakte Denken selbst verlebendigen zu können, muss die Vernunftebene hinzutreten können, denn was technisch machbar und gescheit ist, muss noch lange nicht vernünftig, zum Wohle des Ganzen fruchtbringend sein. Doch wie wird man vernünftig?

Da gilt es zunächst, das Sinnhafte und Sinnvolle, den Sinn unseres Tuns herauszufinden. Einen Sinn ergibt sich schließlich, wenn unser Denken und Tun mit dem Weltganzen in Übereinstimmung kommen kann. Das heißt mit anderen Worten, wenn wir von unserem persönlichen und gescheiten Denken aus, uns immer mehr einem Weltendenken nähern wollen, das mit dem Ganzen der Welt in harmonischer Weise übereinstimmen kann. Das Weltendenken, so wie es zum Beispiel in den großen Naturzusammenhängen einsehbar ist, ist weisheitsvoll geordnet und trägt den „Stempel" des großen Menschen, des Menschen in Gott, also vom Schöpfer-Logos der Welt. Dahin kann unser Denken gereichen, da wird es erst wahrhaft menschlich, im Geist des Humanistischen und Menschheitlichen.

Eine Menschlichkeit, wie sie in ihrer höchsten Qualität im Christus Jesus auf der Erde erschienen ist, soll die Vernunft und dann auch unser Denken leiten. Christus ist der Menschheits-Repräsentant, der Geist des Menschlichen und Menschheitlichen. Er hat diesen seinen Geist auf Golgatha in die Erdensphäre ausgegossen. In seinem von Leidenschaften gereinigten Blut findet der Mensch den Urquell für alles Gute, Wahre und Liebevolle, wenn er sich bis zu diesem Quell vortastet, bis zur Grales-Liebesflamme, bis zum Gralsblut, das vom Himmel, vom Kronen-Chakra in die Seele einstrahlen kann, wenn also der Schüler des Grals in seinem Kronen-Chakra sich in ehrfurchtsvoller und hingebender Weise dem heiligen Gral nähern will.

Doch muss dabei gesagt werden, dass hier nicht eine einzelne Stufe entscheidend ist, sondern der Zusammenklang und die Einheit von unteren und oberen Chakren, wie auch die von Erde und Himmel beziehungsweise von Materie und Geist. Der Gral kann schließlich in einer Ganzheit erfahren werden, wenn alle

Stufen und Ebenen des Leiblichen, des Seelischen und des geistigen Seins zusammenwirken und zusammenklingen. Dann öffnet sich der heilige Schrein – ein neues Leben, eine göttlich-geistige Kraft, die Christusliebe strömt daraus hervor – wohl in unser Herz, in unseren Leib und in unseren Geist hinein.

Die Grals-Symbole des Speeres, des Steins beziehungsweise eines leuchtenden Kristalls, wie auch des Schwertes, der Schale, des Namens, der Taube und des himmlischen Blutes können uns helfen, diese Ebenen zu erreichen, wenn wir sie in meditativer, innerer Weise in uns einwirken lassen. Ein lichter Kristall im Bauchraum stärkt, eine geöffnete Schale im Herzen empfängt, die Taube der Weisheit beflügelt und führt, damit Himmel und Erde im Menschen dereinst in Einklang, in eine Harmonie gelangen können.

Darin haben wir ein Ziel, eine Zukunft, die alles erneuert und stärkt, die Erde, den Menschen und die Himmel. Das ist der Gral als ein echter Lebensbrunnen.

Mit einem Gedanken von Arthur Schult beschließe ich dieses, nicht ganz einfache Kapitel. Daraus wird ersichtlich, dass wir zum Höheren nur durch den Gang in und durch das Niedere gelangen können.

„Durch die Mondensphäre geht der Weg in den Sonnenkreis und der Engel des Menschen führt zum sonnenhaften höheren Selbst. Wer seinen Engel kennt und auf seine Stimme zu lauschen versteht, findet hin zum Gottes-Ich. Die Engel sind die lichten Diener des Christus in uns, die Dämonen besiegenden Helfer des Menschen".

Ein zeitgemäßer Weg zum Gral

Da in heutiger Zeit der Gral im Äußeren, also in der sinnlich fassbaren Welt nicht so leicht zu finden ist, wird es umso dringlicher sein, den Grals-Weg im Seelisch-Geistigen zu ergreifen, um überhaupt noch eine Zukunft vorbereiten zu können, wo dann der Gral auch wieder im Irdischen erscheinen kann.

Es gibt ja, geistesgeschichtlich gesehen, einige Repräsentanten beziehungsweise einige Gralskönige, die etwas aussagen über die geschichtliche Entwicklung der Grals-Strömung, so wie ich das in einem vorigen Kapitel schon einmal angedeutet hatte.

Da wäre nun Titurel zu nennen, eine sehr hohe geistige Individualität. Er war in der beginnenden Gralszeit der Repräsentant der Empfindungsseele in der menschlichen Entwicklung, die ihren hauptsächlichen Wirkens- und Entfaltungsort in der Stierzeit beziehungsweise in der ägyptischen Kulturepoche fand. Damals waren Pharaos noch Priester und Könige zugleich, wie eben bei Titurel selbst, der den Gral aus dem Geistigen ins irdische Sein herunterholen konnte.

In Amfortas, dem Sohn und Erbe Titurels, fand dann eine Spaltung statt, nämlich vom Priesterlichen zum Königlichen, so wie dies der Verstandes- und Gemütsseelen-Entwicklung in späterer Zeit entsprach. Dies war ein Ausdruck der Widder-Zeit, wo es vermehrt um Kampf und Eroberung, aber auch um einen Siegeszug des intellektuellen Denkens ging. Trevrizent verkörpert hier das Priester-Element, das außerhalb der Gralsburg, quasi in einem Eremitentum verweilte. Mit einer zunehmenden Intellektualisierung tritt im Menschen jedoch eine Spaltung auf und zwar zwischen „Kopf und Bauch" beziehungsweise zwischen der Ratio und dem Triebleben. In diese Spaltung von Geist und Sinnlichkeit fiel Amfortas, quasi als ein „Opfer" der Versuchungen hinein: er verlor sich in der Sinnlichkeit und konnte dadurch vom dunklen Magier Klingsor verwundet werden.

Parzival war nun kein Nachkomme und Erbe des Grals-Königtums. Er musste als Artus-Ritter so lange kämpfen und irren, bis er einsah, dass Rittertugenden alleine nicht ausreichen, um den Gral erringen zu können. Erst als er dem Einsiedler Trevrizent begegnete und das Priesterliche in sich aufnahm, wurde er bereit für den Gral.

Parzival ist der Repräsentant für die Bewusstseinsseele, in der wir heute leben sollen und wo es eben darum geht, die Spaltungen zwischen Geist und Materie, zwischen Vernunft und Stoff, zwischen Moral und Sinnlichkeit, wie auch zwischen Königlichem und Priesterlichem überwinden zu können. Parzival musste dazu Mitgefühl und Mitleid entwickeln, was der Fische-Qualität beziehungsweise der Fischezeit entspricht.

In der Grals-Geschichte wird im weiteren darauf verwiesen, dass Feirefis, der Halbbruder Parzivals und die Gralsträgerin Repanse de Shoye den Gral in den Osten mitnehmen, wo der Priesterkönig Johannes ihn verwalten soll. Wer ist nun dieser sagenumwobene Priesterkönig Johannes und wo soll er sich befinden?

In der Stadt Kitesh in einer russischen Legende oder in Shambala in der Wüste Gobi gibt es einige Hinweise für ein Geistiges im irdischen Sein, das aber verhüllt ist vor dem allzu Irdischen. Da finden wir nur Andeutungen, wohin und wie sich der Gral in der Zukunft finden lässt. Ebenso wird ein weiterer Gralskönig mit dem Namen Galahad erwähnt, ein reiner und tadelloser Ritter, der in die kommende Wassermannzeit beziehungsweise in die Geistselbst-Ebene verweist. Damit wird aber auch auf eine Zeit hingewiesen, in der der Gral im Irdischen nicht wirklich gefunden werden kann. Die Stadt Kitesh ist mehr im Ätherischen zu finden und dann auch der Gral selbst. Shambala verweist dagegen ins Innere und damit ins Geistige der Erde hinein, wo auch nur Auserwählte und Eingeweihte einen Zugang finden können.

In alten englischen Gralsgeschichten wird noch ein weiterer Gralskönig genannt, mit Namen Bron, der uns als ein Familienvater geschildert wird, wodurch dann anzunehmen ist, dass der Gral auch wieder im Irdischen, im Alltäglichen zugegen sein kann. Dies wird aber erst in der Steinbock-Zeit möglich werden.

Heute haben wir demzufolge noch damit zu ringen, dass wir das Königliche, den irdisch Gestaltenden und das Priesterliche, den geistig Strebenden wieder zusammen bringen müssen. Im zweiten Jahrtausend entstanden ja überall Spaltungen, so auch zwischen Papst und Kaiser. Im dritten Jahrtausend, in das wir eingetreten sind, muss ein drittes Prinzip gefunden werden, das die Spaltungen überwinden kann, so wie dies Goethe mit seiner Polarität und Steigerung, Schiller mit der Dreiheit von Stoff-, Vernunft- und Spieltrieb, Joseph Beuys mit den Begriffen Chaos, Kosmos und Begegnung oder Rudolf Steiner mit seinen Dreigliederungs-Gedanken vorbereitet haben. Erst dadurch können wir wieder zu einer Ganzheit hinfinden, in der unser höheres Wesen, das Geistselbst erscheinen kann.

Das Geistselbst hat alle Polaritäten und Standpunkte in sich integriert, denn es lebt selbst in der Wahrheit, in der es keine Gegensätze gibt. Die Wahrheit zu finden ist somit eine vordergründige Aufgabe in der heutigen Zeit, wo immer noch Meinungsverschiedenheiten und Standpunkte gegeneinander ankämpfen und das in weltweit zunehmenden Krisen und Konflikten. Aber gerade deshalb ist es umso wichtiger, sich positiven Zukunftsmöglichkeiten zuzuwenden, wofür eben der reine Ritter Galahad als ein Wahrbild steht. Dieser lebt aus dem Geistselbst, aus dem höheren Ich heraus. Wenn dies vielleicht auch noch ein frommer Zukunftswunsch ist, so sollten wir dies trotzdem als ein Ziel erwählen, denn das Kranke, Falsche und Böse kann letztlich nur mit einem Gesunden, Wahren und Guten erlöst werden.

Für dieses Gute, dafür steht eben der heilige Gral, dem wir uns gemeinschaftlich zuwenden dürfen, damit er uns inspirieren, führen und leiten kann. Daraus können über und in uns Menschen heilende und erlösende Kräfte in das Irdische einfließen, ohne die die Menschheit den dunklen Klingsormächten zum Fraße ausgeliefert wären. Wenn dieser Gral nun aber nicht mehr so leicht im Äußeren gefunden werden kann, so wird es umso wichtiger, dass wir ihn in uns selbst, in unserer Seele und in unserem Geist entdecken und entwickeln lernen, damit von da aus wieder ein Weg bereitet wird für eine zukünftige Zeit, in der der Gral dann auch wieder zu einem Kulturgut hin-gereichen und damit eine gesellschaftsbildende Kraft entwickeln kann.

Als ein heutiger Sucher und Ritter des Gral folgen wir jedoch dem Parzivals-Weg in unserer Zeit der Bewusstseinsseele. Damit kann aber auch jeder Zeitgenosse, der die Bewusstseinsseele in sich entwickeln will, zu einem Parzival und Gralskönig auserkoren werden, wenn sein Name auf dem Gral erscheint. Nicht mehr Erbfolgen sind dafür maßgebend, sondern der eigene Wille und die innere seelische Reife, die im Streben nach Wahrheit geprüft und geleitet werden kann.

„Durch Mitleid wissend ...“ - ohne Einfühlung und Empathie für die Leiden und Schmerzen in der Welt, wie auch in unserer nächsten Umgebung, das heißt, ohne tiefere Herzens-Liebekräfte, die alle Menschen, Völker, ja die ganze Erde mit ihren Wesen und die Weiten der Himmel umfassen können, wird uns der Gral verborgen bleiben.

Zum Gral kommt nur, wer den Bruder, die Schwester mitbringt und sich für die Leidenden und Kranken einsetzen will. Und dies heute weltweit.

Wer nur für sich das Gute und Schöne gewinnen will, ist noch lange nicht reif für den Gral. Mitleiden heißt Mittragen – auch die Konflikte und Abgründe, an denen die Welt noch leidet.

Das mag sich wohl recht gut anhören und doch ist es sehr schwer, dies auch umzusetzen, kann da recht leicht eingewendet werden. Die Bewusstseinsseele zu entwickeln, heißt eben auch, sich dem Dunklen und Kranken auszusetzen. An diesem können wir innerlich stark werden und reifen, auch weil dann die Kräfte aus dem Gral uns behilflich sein können.

„Da wo die Not am größten ist, da wächst das Rettende auch...". So drückte dies Friedrich Hölderlin einmal aus.

Je mehr wir uns dem inneren Gral zuwenden lernen, um so mehr sollen wir davon auch abgeben an die Menschen, die einem Heil bedürfen.

Der Gral schenkt uns Heil, zunächst, wenn wir seinem Weg im eigenen Innern folgen und da die Drachenkämpfe siegreich bestehen. Allein werden wir dies wohl nicht vermögen. Ohne geistige Hilfen, ohne eine Hinwendung zum lebendigen Geist, wird es wohl sehr schwer sein, den Prüfungen und Anfechtungen kommender Zeiten standhalten zu können.

Heutzutage nehmen, weltweit gesehen, die Mächte des Anti-Gral immer größere und gröbere Erscheinungsformen an, sei es in der Politik, sei es in der Wirtschaft oder auch in religiösen Herrschaftssystemen. Der Kampf um die individuelle Freiheit des Einzelnen muss ausgefochten werden, denn die Widersachermächte wollen den Menschen verführen, anklagen und versklaven, in dem sie ihn mit Konsum und Vergnügungen aller Art von seiner eigentlichen Aufgabe abbringen wollen.

Wenn dadurch auch der geistige Strom aus den Sphären des Gral nur mehr als ein „Rinnsal" erscheinen mag, weil die große Masse der Menschen daran nicht mehr wirklich teilhat, so ist sein Wirken und „Rinnen" auch im kleinen Rahmen nicht umsonst.

Wir bereiten damit eine Zukunft vor, die einmal erblühen wird, wenn die dunklen Mächte sich selbst zerstört haben. Denn diese können nicht wirklich aufbauen. Das kann man in heutigen Kriegen, wie auch in den Folgen des Klimawandels schon gut erkennen.

Die Erde wird uns Menschen Grenzen aufzeigen müssen, wenn wir weiterhin gegen die Gesetze der Natur und des Geistes handeln. Jeder Einzelne ist daher wichtig, wenn er sich für das neue Leben einsetzen will, das aus den Quellen des Gral entspringt.

Vom inneren Weg zum Gral

Grundsätzlich muss ich hier darauf hinweisen, dass die folgenden Zuordnungen für die Chakren nicht mit den herkömmlichen Chakren-Elementen übereinstimmen, wie sie vor allem in einer östlichen Geistigkeit gehandhabt werden. Das hat seine Bewandtnis darin, dass auf dem Grals-Weg die natürlichen Zuordnungen und Bestimmungen eine Erweiterung beziehungsweise dann auch einen Ausgleich erfahren sollen.

Dem Wurzel-Chakra wird traditionell das Erd-Element beziehungsweise die Zuwendung zur Erde, zum Stofflichen zugeordnet. Auf dem Grals-Weg ist steht hierfür der feurige Speer, der letztlich bewirken soll, dass wir uns nicht im Stofflichen verlieren. Das Grals-Symbol des Speeres steht ja für das Feuer-Element des Willens und für die Macht. Bekanntlich wird die Macht zumeist genutzt, um erobern und siegen zu können. Auf dem Grals-Weg geht es aber darum, dass die Willenskräfte nicht nur nach Außen, zum Beispiel in der Sexualität und in den Macht- und Kampf-Gebärden, sondern nach Innen und nach Oben gelenkt werden, wo es um Macht

über sich selbst, über seine feurigen Willens- und Triebkräfte gehen soll, die nach Oben, zum Gral hingelenkt
werden.

Die nächste Ebene entspricht dem Wasser-Element und
damit auch der ätherischen Ebene. Hier findet sich das
Grals-Symbol des Steines. Bei Wolfram von Eschenbach
ist der Gral ein Stein, der die Grals-Gemeinschaft speist
und nährt. Wie kann aber ein Stein zu einer Nahrungs-
Quelle werden?

Wir kennen die Versuchungs-Szene in der Wüste, wo der
Versucher den fastenden Christus auffordert, Steine in
Brot zu verwandeln, dieser aber darauf hinweist, dass
der Mensch nicht vom Brot allein lebt, sondern vom
Wort Gottes. Christus verneint damit das Ansinnen des
Widersachers nicht, er erweitert aber das Brot um das
Wort Gottes. Ahrimans Anliegen ist es ja, aus allem
etwas Nützliches, etwas Kostbares, etwas Geschäftliches
zu machen. Wie viele mineralische Stoffe benützen wir
heutzutage, um unseren Wohlstand zu mehren? Ist dieser
Wohlstand daraus aber auch schon alles, mit dem wir
uns im Irdischen begnügen sollten?

Auf dem Grals-Weg kann der grobe Stein zu einem Bild
für einen Altar gewandelt werden, auf dem unsere niederen Neigungen geopfert werden. In den Megalith-
Kulturen dienten große Steine wie in Stonehenge einem
sakralen Dienst. Da zeigte sich eine spirituelle Ebene, in
die der Stein eingebunden ist. Danach erst kann es eine
Stufe höher, zum nächsten Symbol und Element gehen.

Das Grals-Symbol des Schwertes deutet auf und in die
Ebene des Astralischen, wo es darum geht, Erkenntnis-
und Urteilskräfte zu entwickeln. Traditionell wirkt hier,

also im Solar-Plexus-Chakra, das Feuer-Element. Zu viel Feuer im Seelischen reißt den Menschen allzu leicht in emotionale Leidenschaften hinein. Das „Lichtschwert" der Erkenntnis vom Guten und Bösen kann diese Kräfte bändigen und beherrschen.

Was ist wesentlich, was ist unwesentlich, was bringt mich weiter, was hält gefangen? Ein Unterscheidungsvermögen wird verlangt.

Auf der Herzebene findet sich das Grals-Symbol der Schale. Natürlicherweise findet sich hier das Element Luft, wo es um Kommunikation und Vermittlung geht, was eine natürliche Herzlichkeit bewirkt.

Die Schale öffnet sich auf dem Grals-Weg dagegen viel mehr nach Oben; sie bildet einen Raum, ein Gefäß, worin sich Höheres, aber auch Mitmenschliches einleben kann. Das Herzens-Ich als Schale für den Geist, das heißt: ich selbst bin die Schale, in die der lebendige Geist einwohnen kann.

Im Hals-Chakra beziehungsweise in der Empfindungs-Seele erscheint der Name als Grals-Symbol. Der Name Parzival bedeutet: Mitten hindurch - oder auch: durch das Tal. Erst wenn wir die Mitte finden zwischen bestimmten Polaritäten kann der Name erscheinen und damit auch die Aufgabe, der Auftrag, den wir als Grals-Ritter erhalten können.

Grundsätzlich muss ja gesagt werden, dass der Schüler des Grals einen linken und einen rechten Weg ausgleichen muss, wie auch die männlichen und die weiblichen Seelen-Qualitäten. Der rechtsseitige, der aktive Weg zeichnet sich aus durch die Mühen und Anstrengungen, die der Schüler aufbringen muss und dem dabei die göttliche Strenge, das Gesetz und die Gerechtigkeit begegnen wird. Der linksseitige, der mehr passive Weg beinhaltet die Gnade von Oben, ohne die wir nicht viel vermögen. Hier soll also ein gewisser Ausgleich, eine Mitte walten können. Zu viel eigene Mühe verkrampft, zu viel auf Gnade hoffen erlahmt. Der mittlere Weg wechselt daher ab zwischen den männlichen, den aktiven und den weiblichen, den empfangenden Qualitäten, die jeder Mensch als eine Potenz in sich enthält.

Der Speer ist männlich, Yang, der Stein weiblich, Yin, das Schwert männlich, die Schale weiblich, der Name männlich und schließlich folgt das weibliche Grals-Symbol der Taube, die dem Stirn-Chakra entspricht und damit auf das Denken hinweist.

Unser normales, assoziatives Denken gleicht einem Ameisenhaufen, wo alles durcheinander wirkt. Da sind wir von Erinnerungen, Vorstellungen, Wünschen, Sehnsüchten, Ängsten, Leidenschaften, Trieben und Sinnes-Eindrücken getriggert. Eine Freiheit ist da nicht wirklich gegeben, weil immer Seelisches, das uns antreibt, in unser Denken mit herein-wirkt.

Erst im mathematisch-naturwissenschaftlichen, also im objektiven und abstrakten Denken, werden wir frei von seelisch-subjektiven Stimmungen. Aber dieses intellektuelle Denken ist tot, es enthält kein Leben mehr und ist daher, biologisch gesehen, abbauend. Unsere hochgepriesene Gescheitheit, die vielfältige technische Errungenschaften möglich macht, ist jedoch noch lange nicht der Weisheit letztes Ziel.

Mit unserer objektiven mathematisch-technischen Gescheitheit können wir Bomben und Raketen bauen, ob dies aber auch vernünftig ist, ist eine andere Frage. Also muss hier noch die Vernunft hinzukommen und die ist wiederum geleitet von einer Sinnfrage. Was macht wirklich Sinn?

Darüber kann man ja auch wieder streiten – oder man entdeckt, dass wirklich das nur sinnvoll ist, was mit dem Weltganzen, was mit den kosmisch-geistigen Gesetzen in Einklang ist. Denn die kosmisch-geistigen Gesetze sind weisheitsvoll geordnet, so wie man dies im Naturgeschehen beobachten kann.

Ein weisheitsvolles Denken entspringt der Weisheits-Sphäre des Alls, wofür die Taube ein Symbol darstellt. Wenn unser Denken weiblich, hingabefähig, ehrfurchtsvoll sich dem Höheren, den Sphären der Weisheit und der Wahrheit öffnen kann, dann gelangen wir, wie im Flug der Taube, in die siebte Ebene, in die Sphären des Geistigen. Unser Kronen-Chakra öffnet sich: das himmlische Blut, die Geistesflammen der Liebe überstrahlen die Seele und wollen den ganzen Menschen durchlichten und durchlieben. Des Grales Himmelsblut strömt in uns hinein, wenn wir nicht nur nach Oben streben und uns dort ergötzen wollen, sondern mit den Geisteskräften von oben wieder nach unten eintauchen – und zwar bis ins Stoffliche, ja sogar bis ins Innere der Erde hinein.

Wenn wir diese hohen Sphären tatsächlich einmal erreicht und erlebt haben, kann wahrgenommen werden, dass sich im Kopfbereich die göttliche Liebe, das Grals-Blut des siebten Chakras mit der Weisheit der Taube vom sechsten Chakra verbindet. Licht und Liebe begegnen sich im Bereich des Mittel-Hirns und wirken von da zusammen nach unten, zunächst in den Halsbereich, in das Hals-Chakra, wo für den Schüler die Aufgabe aus dem Gral ersteht.

Ein geistiger Name weist hin auf den Auftrag, zu wirken für und in der Welt. Um diese Aufgabe bewältigen zu lernen, brauchen wir die Fähigkeiten, die uns aus dem sogenannten achtgliedrigen Pfad des Buddha erwachsen. Doch ein wirkliches Tätigwerden erfordert auch, dass wir die geistigen Impulse mit dem Herzen aufnehmen. In der Herzens-Schale, im geistigen Ich des Menschen geschieht die Vermählung von Weisheit und Liebe. Da erst gründet der Gral im Menschen.

Somit zeigt sich das Menschen-Ich in zweifacher Weise. Erstens in der Hingabe nach „Oben", wodurch sich vor allem durch die Übung und Anwendung der sogenannten sechs Nebenübungen, die uns Rudolf Steiner übermittelt hat, eine innere Herzens-Schale bildet. Wir selbst bilden auf diesem Weg diese Grals-Symbole ichhaft aus.

Gewiss, wir können sie auch meditieren und imaginieren, aber dauerhaft gestaltet werden sie durch innerseelische Fähigkeiten, die wir uns auf dem Grals-Weg aneignen können.

Zweitens darf und soll das Herzens-Ich nach unten wirken, wo unsere ungeläuterten Kräfte noch ein Eigenleben führen. Das Grals-Schwert der Erkenntnis muss vom Ich bewusst ergriffen und geführt werden können, damit das Ich immer die Oberhand über die Drachen- und Doppelgängerkräfte behalten kann, die im astralen Feld des dritten Chakras wirken. Das Herzens-Ich muss sich dazu mit den Löwe-kräften, mit dem Mut des Herzens einen, um die im dritten Chakra vorkommenden astralen Ängste und Abgründe überwinden zu können.

In der germanische Mythologie werden drei Widersachermächte beschrieben, nämlich die Riesen, die Midgard-Schlange und der Fenris-Wolf, die heutzutage verstärkt im Menschheitlichen, aber auch individuell angreifen wollen.

Die Riesen, das sind im Persönlichen unsere Doppelgängerkräfte. Das Schwert Michaels kann sie erkennen und damit in Schach halten. Um dieses Schwert für uns dienstbar machen zu können, braucht es eine Selbst-Disziplin, einen starken Willen, Tapferkeit, Ernst, Verantwortung für sich und seine Mitwelt, sowie eine Kontrolle unserer Ahnungen, Einflüsterungen und den vielfältigsten Sinneseindrücken und damit eine seelische Wachheit und Präsenz. Wenn wir zu viel Äußeres unreflektiert in uns hineinnehmen, schwächt dies unseren Willen.

Dann kann es noch tiefer hineingehen, nämlich in das Sakral-Chakra mit dem Symbol des Steines. Das Wasser-Element in der östlichen Chakren-Lehre verweist in die Lebenskraft, wie ja auch das Hara-Zentrum in östlichen Geistes-Strömungen einen inneren Halt und die natürliche Lebenskraft vermittelt. Dazu gibt es im Osten, inzwischen auch bei uns, mannigfache Übungen und Künste, um dieses Zentrum zu stärken.

Das Sakral-Chakra nimmt Energien der Umgebung auf und verteilt sie im Ätherischen des Leiblichen. Nur muss man heute in unserer Zivilisation beachten, dass dieses Chakra sehr stark angegriffen wird. Die Midgard-Schlange sendet ihre verführerischen und zerstreuenden Energien in die Welt, sei es in Oberflächlichkeiten, im Triebhaften, in der Genuss-Sucht oder in den vielfältigen

Schädigungen aus den technischen Errungenschaften moderner Geräte, aus Umwelt-Giften und elektromagnetischen Strahlungen und dergleichen mehr.

Und da heute viele Menschen sehr stark nach Außen, in die Sinnlichkeit und in den persönlichen Genuss, aber auch auf die zunehmende Informationsflut moderner Medien ausgerichtet sind, verliert dieses Chakra mehr Energie als es von der äußeren natürlichen Welt erhalten kann. Die Folge ist ein geschwächtes Immunsystem mit den vielfältigsten Krankheiten wie Depressionen, Erschöpfungen, Allergien und vielem mehr.

Somit möchte ich auf diese Ebene etwas näher eingehen, denn hier soll das Grals-Symbol des Steines beheimatet werden, der uns mit neuem kosmischen Leben speisen kann.

Vom Altar zum Stein, der speist und nährt, ist es ein weiter Weg, den wir heute zumeist nur anfänglich beschreiten können. Die Midgardschlange und damit unsere Zerstreuungen und Oberflächlichkeiten müssen ichhaft, in der Erkenntnis- und Unterscheidungskraft des Grals-Schwertes geopfert werden, dann erst kann die Liebesflamme aus dem Herzen auch die unteren Bereiche durchströmen. Dafür brauchen wir aber auch bestimmte Fähigkeiten und Tugenden, die eben dem Sakral-Chakra entsprechen und die im Symbol des Steines sichtbar werden können.

In Mozart's Zauberflöte werden diese Tugenden von drei Knaben besungen: „Sei standhaft, duldsam und verschwiegen". Ein Stein ist standhaft, er besitzt Festigkeit und Struktur, das heißt, wir sollten unseren Entschlüssen und Erkenntnissen treu und fest verbunden bleiben. Eine

Duldsamkeit ist ebenfalls im Stein vorhanden; er duldet alles, ohne sich zu wehren. Wir benötigen entsprechend eine Schicksalsergebenheit und viel Geduld, so wie sie dem geistigen „Stein" innewohnt, damit wir nicht in Selbstmitleid und in einem Jammern zerfließen.

Die Verschwiegenheit, ja wie ist diese noch möglich, wenn alles gleich ins „Netz" gestellt wird, mit all den Belanglosigkeiten, die da ausgetauscht werden. Auf der einen Seite eine immense Geschwätzigkeit, auf der anderen eine zunehmende Isolation und Einsamkeit. Die Mitte geht verloren.

Sicherlich, in früheren Zeiten wurde ein Mysterienverrat noch stark bestraft; heute ist vieles an okkulten Wahrheiten und Geheimnissen öffentlich geworden und doch müssen wir darauf achten, wem oder was wir mitteilen können und wem eben nicht. Und dazu braucht es vor allem ein Schweigen-können, eine Stille, wie sie dem Stein innewohnt. Ein Stein ruht in sich. So sollten wir auch in uns ruhen können. Somit kann uns der Stein dafür ein Vorbild sein beziehungsweise eine Wegweisung anbieten.

Nähern wir uns diesen Tugenden immer stärker an, so kann beobachtet werden, wie der innere Stein oder Altar durchlichtet wird. Es entsteht ein Kristall im Bereich des Hara, durchscheinend, strukturierend, klar und kraftvoll. Dieser Kristall wird nun empfänglich für das Himmelsblut aus dem Herzen.

Imaginieren und meditieren wir diesen inneren Kristall, bringen wir ihm Liebe und Licht entgegen, so wird er allmählich weich und durchscheinend, denn die Liebe durchwärmt und öffnet ihn so für die höchsten geistigen

Kräfte, die in einen Kristall einwirken können. Hier beginnt dann der Stein zu speisen, geistiges Leben strömt in ihn hinein. Damit können wir den Bereich des Ätherischen in uns selbst reinigen und gesunden. Eine neue Kraft, aus der Quelle des Grals, ersteht in uns.

Und schließlich der feurige Speer beziehungsweise die göttliche Macht in uns. Bisher war unser Wille, unser Speer nach oben, zum Gral hin ausgerichtet. Nun soll er in die Tiefen der Erde gerichtet werden.

Viele Menschen scheinen heutzutage ganz der Materie, dem Stofflichen und Untersinnlichen, den technischen Medien und Apparaten hingegeben. Dadurch strömen die Energien des Erdinneren vermehrt in die Menschheit hinein. Der Fenris-Wolf, die zerfleischenden Wolfskräfte breiten sich aus. Die Menschheit verliert den guten Geist und verroht dadurch mehr und mehr.

Das Wurzel-Chakra, unser natürlicher Erd- und Umweltbezug wird geschwächt. Das Element Erde wird ausgebeutet und missbraucht. Dahinein der Speer des Gral, die heilige Liebeslanze, so wie der Speer im Grals-Epos auch genannt wird.

Feurige, mit Liebe erfüllte Willenskräfte gehen durch, gehen durch die Stofflichkeit. Sie durchwärmen mit Liebe und Licht aus der Herzensschale auch die dunkelsten Sphären, wenn der Mensch sich auch hier gewisse Tugenden und Fähigkeiten heranbildet, die dann für das Wurzel-Chakra lauten: Barmherzigkeit und Güte.

Das Urgrund-Böse kann nur mit göttlicher Barmherzigkeit und Güte überwunden werden und dies, wenn wir genügend Liebe-Willen, den Speer der inneren Macht aufbringen, um damit auch in die tiefsten Sphären des

Erd-Inneren eindringen und diese durchschreiten zu können. Der Güte und Barmherzigkeit des göttlichen Vaters können die Kräfte des Spalters, Lügners und Verdrehers, sowie des Zerstörers nichts anhaben. Die Güte nimmt alles an und integriert es im großen Ganzen, wo alles und ein jedes seinen gebührenden Platz erhält. Damit kann dann auch die Materie, die irdische Stofflichkeit allmählich durchdrungen, erhöht und dann auch erlöst werden.

Wenn der Mensch alles irdische Sein mit einem liebevollen Herzenslicht betrachten lernt, also auch jeden Stein, jede Pflanze und jedes Tier, so werden diese äußeren Erscheinungen mit der Zeit immer mehr zu Gesten und Ausdrucksweisen einer geistigen Erde, die ihren Kern, ihr Zentrum in sich selbst hat und von diesem aus alles irdische Leben speisen und erhalten will. Das Vergängliche des Irdischen wird so zu einem Gleichnis für das Ewige, für den Schöpfergeist selbst, der alles Sein durchdringt und erhält.

Sodann wird, nach langen Mühen, Irrungen und inneren Prüfungen, der Weg für den Schüler des Gral allmählich frei, um bis zum innersten Kern der Erde zu gelangen, bis zur inneren Sonne, die uns von unten, aus der neuen und zukünftigen Erde her durchstrahlen und durchscheinen kann, weil sich der Christus-Geist beim Mysterium von Golgatha mit dem Geist der Erde verbunden hat.

Der Gral umfasst alles, er ist nicht nur über uns, in uns oder unter uns. Der Gral bedeutet eine Ganzheit, ist allumfassend, all-durchdringend und dies mit göttlichem Leben, Licht und göttlicher Liebe.

Lange und weit ist der Weg. Viele Etappen und Stufen

sind da zu meistern. Himmel und Erde, Männliches und Weibliches, Geistiges und Irdisches wollen umfangen und miteinander verbunden sein, denn letztlich speist der Gral alles Leben und damit alle Welten des weiten Alls. Nichts könnte existieren, wenn nicht von irgendwoher, aus der großen Quelle des Gral immer wieder neues Sein und Werden entspringen würde. Davon ein Bewusstsein zu gewinnen, macht uns selbst weiter, größer, ganzer, liebender, lichter und gütiger, macht uns erst wirklich zu Menschen, die einem großen Ziele entgegengehen, das aber auch schon auf jeder Stufe und bei jedem Schritte herein-leuchten will. Und dies um so mehr, wenn wir uns diesem Weg in treuer Hingabe und Liebe hingeben wollen.

Die Bemühungen des Menschen und die Gnade des Himmels erschaffen eine neue Welt. Das ist unsere Hoffnung und unser Ziel: eine neue Erde, geschaffen aus den lichten Kräften des Himmels, erstanden aus des Grales Himmelsblut, wenn der Mensch sich dieser Kräfte bewusst werden kann und versucht, sie in seinem Leben anzuwenden und umzusetzen. Jeden Tag ein wenig mehr. Das sollte unser Anliegen sein.

Der Gral im Inneren des Menschen und der Gral im kosmischen All, sowie in den inneren und natürlichen Reichen der Erde, diese verschiedenen Äußerungen eines ursprünglich großen Ganzen können im menschlichen Bewusstsein erkannt und daher miteinander verbunden und dann auch erlöst werden. Das Wissen davon macht den Menschen groß, weit und erhaben, denn er wird dadurch zum Mittler, Überbringer und Erlöser unserer „gefallenen" und abgetrennten Welt.

Die menschliche Seele im Jahreslauf

In manchen Märchen und Geschichten wird von einem Schatzkästchen erzählt, das in der Erde vergraben ist und das nur mit einem passenden Schlüssel geöffnet werden kann. Nun, was ist das für ein Schlüssel?

Zunächst sind es ja die reinen und lauteren Seelen mit einem kindlichen Gemüt, die dazu berufen sind, diesen Schatz zu finden.

Im vorigen Abschnitt hatten wir davon gesprochen, dass der Speer der Macht, das heißt der ichhafte Wille, tief ins Irdische eindringen muss, bevor er zur Sonnen-Erde, zum inneren Schatz der Erde vordringen kann. Doch davor müssen die Reiche der Finsternis durchschritten worden sein. Dies kann aber nur gelingen, wenn sich die Seele zuvor mit den Sternenkräften vermählen konnte, wenn also die Geistesflamme der göttlichen Liebe in die menschliche Seele einwirken und sich da mit der reinen und sternenhaften Geisteskraft, also mit dem eigenen Weisheitslicht vereinigen kann. Mit anderen Worten, wenn sich im Geiste des Menschen die Liebekraft des Christus mit der Weisheitskraft der Sophia verbinden kann, so wie ich versucht habe, dies in den vorigen Abschnitten darzustellen.

Der Ort, wo sich die Grals-Flamme mit der „Taube" begegnen kann, ist im Mittelhirn des Menschen, im Bereich des Thalamus zu finden, der eine Wechselwirkung zwischen Hypophyse und Epiphyse und dem Großhirn beziehungsweise dann auch zum vegetativen Nervensystem darstellt und verschiedene hormonelle und biologische Zusammenhänge reguliert. Der Thalamus-Bereich wird manchmal auch als das „Tor zum Bewusstsein" beschrieben. Von da kann auf seelischem Gebiet das sogenannte dritte Auge angeregt werden, aber auch bis ins Hals- und ins Herz-Chakra und noch tiefer eingewirkt werden. Letztlich spiegeln sich im biologischen Bereich ja nur die seelisch-geistigen Prozesse, die wir durch ein spirituelles Erkraften anstoßen und erweitern können.

Über das Hals-Chakra findet sich die Aufgabe, zu wirken in der Welt, aber nun nicht mehr aus persönlichen Trieben und Wünschen, sondern im Einklang mit dem Weltenwillen, mit dem kosmischen All. Doch zuvor muss dazu unser Denken zu einem Weltendenken hingereichen können, so wie dies der spirituellen Entwicklung im Stirn-Chakra entspricht.

Diesen Weg von oben, also vom siebten Chakra bis zum Wurzel-Chakra und dann noch tiefer bis zum „Schatzkästchen" in der Erde, der ichhaft beschritten werden muss, entspricht im Jahreslauf der Zeit von Johanni bis zu Weihnachten. Johanni bedeutet entsprechend, dass sich die Seele ins Kosmische weitet, bis ins und über das siebte Chakra, bis in himmlische Sphären, wo sie Inspirationen erhält, die dann im weiteren Jahreslauf ichhaft ins Erdenleben hineingebracht werden sollen.

Das absteigende Jahr von der Sommer- bis zur Wintersonnenwende bedingt den ichhaften, männlichen Weg und verweist entsprechend im Seeleninneren auf den Abstieg vom Kronen- zum Wurzel-Chakra beziehungsweise dann auch auf die Säule der Strenge im kabbalistischen Lebensbaum. Da wirkt dann das kosmische

Gericht. Jegliches menschliche Tun wird irgendwann einmal mit den kosmisch-geistigen Gesetzen konfrontiert. Die Widersachermächte, die vor allem in der Herbstzeit auftreten, haben vermehrt die Aufgabe, unser eigenwilliges Tun zu prüfen und uns gegebenenfalls anzuklagen und zu bestrafen. Das sollten wir in Betracht ziehen, denn im Kosmos hat alles einen Sinn, auch das Finstere und Böse.

Wird unser Denken, Tun und Handeln allmählich lauter und rein, indem wir uns vor allem in der Adventszeit so vorbereiten, damit in der Weihnachtszeit das innere Licht, das aus den Tiefen der Erde für das neue Jahr aufsteigen will, auch in uns zu leuchten beginnen kann.

Dies ist der Schatz, den Christus für uns in die Erde gelegt hat und der in der Weihnachtszeit von uns Menschen gefunden und gehoben werden kann. Und dies, wenn wir zuvor alle tiefen Schichten des Seelen- und des Erd-Inneren durchwandert und gemeistert haben.

Sodann kann ein erneuter Aufstieg der Sonne beziehungsweise der menschlichen Seele im Jahreslauf beginnen. Dieses aufsteigende Halbjahr entspricht im kabbalistischen Lebensbaum der Säule der Gnade. Denn da können wir vom fortschreitenden Christus-Geschehen inspiriert und geführt werden.

Wenn der Mensch die christlichen Festeszeiten: Weihnachten, Epiphanias, Maria Lichtmess, Passion, Ostern, Himmelfahrt und Pfingsten bis Johanni seelisch und mit ganzem Herzen begleiten kann, so wird er auf diesem Wege so geführt, dass er in sommerlichen Höhen einer Geistbegegnung, einer Vermählung mit seinem höheren Ich, mit dem Geist der Wahrheit und der kosmischen

Liebe zugeführt werden kann. Noch erleben wir diesen sonnenhaften Aufstieg des Jahres innerseelisch mehr oder weniger unbewusst. Doch eines können wir auch heute schon recht gut bemerken, wie eben das aufsteigende Jahr naturhaft beflügelt und das absteigende Jahr uns auffordert, immer wacher und ichhafter unseren Willen so zu betätigen, damit wir in einen Einklang mit den Erfordernissen und Gesetzen der großen Welt kommen können.

Und so gibt es auch in der Seele nicht nur einen aufsteigenden Weg vom Wurzel- bis zum Scheitel-Chakra, der vor allem in einer östlichen, eher weiblichen und seelenhaften Geistigkeit gelehrt wird, sondern eben auch den Weg, der im klaren Erkennen, im Haupt beginnt und von da in die unteren Bereiche vordringen will, so wie dieser Weg vor allem einer westlichen, eher männlichen und ichhaften Geistigkeit entströmt.

Die Ganzheit des Lebens zeigt sich in einem großen Atem-Rhythmus, der wechselnd zwischen Ein- und Aus-Atmung, zwischen Himmels- und Erdbezug, wie auch zwischen Sommer und Winter hin und her schwingt, wodurch erst in diesem Kreislauf, in dieser Rundung, eine Harmonie entstehen kann.

Werden wir deshalb auch in unseren Seelenbewegungen rund, so wie es das Jahr uns vorlebt: Eintauchen ins Leiblich-Irdische, Emporstreben ins Himmlisch-Geistige und diese Pole in einer spielerischen Weise so miteinander verbinden, damit daraus einmal eine echte Lebenskunst erwächst, die für Mensch, Erde und All zu einer wirklichen Heilung und Ganzheit hin-gereichen kann.

Das Jahr im Menschen

So wie wir den Gral in den vorigen Kapiteln als einen Weg im Inneren des Menschen und diesen in der Entwicklung seiner Chakren beschrieben haben, so können die Erkenntnisse daraus noch einmal erweitert werden. Und zwar, in dem wir diesen Weg nicht nur im Seelischen vorfinden, sondern entsprechend auch im Jahreslauf der Erde. Dabei kann vor allem der christliche Jahreslauf mit seinen Festen dienlich und hilfreich sein. Zunächst beschreibe ich den Weg des Aufstiegs der Sonne von Weihnachten an bis zu Johanni, dem Festtag am 24. Juni zum Sommerbeginn. Zusätzlich zu den Grals-Symbolen können hierbei noch einige Tier-Symbole, sogenannte Krafttiere und deren Energien hinzugezogen werden. Dies aber nur zur Ergänzung, ohne eine vertiefende Betrachtung, da ich diese in früheren Schriften bereits ausgeführt habe. Näheres darüber zum Beispiel in meinem Buch: Vom Bauen am Tempel des Lebens.

Der aufsteigende Weg der Sonne im Jahreslauf, aber auch im Inneren des Menschen ist mehr ein Seelenweg und hat eher einen weiblichen Charakter, so wie das an den entsprechenden Tier-Symbolen sichtbar wird. (Siehe die Abbildung am Ende dieses Abschnitts). Zunächst also die Feste im aufsteigenden Jahr.

Weihnachten: Der Schatz des Geistes im Inneren der Erde. Christus erscheint an Weihnachten im Erdensein; er verbindet sich jedes Jahr, quasi als eine Weihnachts-Geburt, immer wieder neu mit der Erde. In der Zeit der

Raunächte bringt Christus seine kosmischen Gaben, von den Fischen bis zu den Widder-Tierkreiskräften, in die tiefsten Schichten der Erde hinein. Dies kann in den Nächten vom 25. Dezember bis zum 6. Januar innerseelisch mitverfolgt werden, wenn wir auf Träume, Stimmungen und Ahnungen achten lernen.

An diese Zeit dürfen wir anschließen, wenn der innere Grals-Speer beziehungsweise ein selbstbestimmter Ich-Wille, von **Epiphanias**, dem 6. Januar an, den Christusweg im Jahreslauf mit ganzer Seele begleiten will.

Der aufsteigende Weg im Jahr kann dann, entsprechend zu den Tier-Symbolen, als ein weiblicher Weg, als Bärenweg beziehungsweise als Kuh-Weg bezeichnet werden. Der Bär entspricht dem Bereich des Wurzel-Chakras, wo der Mensch in sich ein Zuhause finden kann. Doch dieses Haus muss er auch verlassen können, wenn er mit Christus durch das Jahr schreiten will. Zu diesem unteren Bereich gehört aber auch der Stier (der Ochs im Stall zu Bethlehem) beziehungsweise die Kuh, die einen festen Grund und eine stabile Verbindung zur Erde erschaffen und erhalten kann.

Maria Lichtmess: am 2. Februar. Im natürlichen Erdgeschehen beginnen allmählich die Säfte in den Pflanzen wieder zu steigen. Der Delphin als Tier-Symbol für das zweite Chakra, das Sakral-Zentrum, zeigt etwas von der reinen und verspielten Kraft, die dem Wässrigen der beginnenden Wachstums-Periode entspricht. Das Grals-Symbol des Steines beziehungsweise des Altars in der Seele, verweist hier aber darauf hin, dass, wenn man das reine Licht erfassen will, das hinter allem Naturgeschehen waltet, es einer gewissen Opferbereitschaft bedarf, um sich diesem jungfräulichen Geschehen in der Natur anschließen zu können. Im Menschen erstehen in dieser Jahreszeit vermehrt die biologischen Triebkräfte, die dann im Karneval eine Art Ventil erhalten.

Reine Licht- und Lebensprozesse in der Natur verweisen eher noch auf die Sternenkräfte, die sich in den Raunächten in die Erde ergossen haben und die nun das aufkeimende Wachsen und Sprießen in der Natur impulsieren und ordnen. Der Mensch vermischt diese reinen Kräfte recht leicht mit seinem seelischem Begehren, so dass sie ins allzu Sinnlich-Irdische gezogen werden.

Passion: Das Grals-Symbol des Schwertes fordert uns in der Passions-Zeit auf, den inneren Stufen- und Leidensweg, den Christus in den drei Jahren seines Erdenlebens für uns vollzogen hat, erkenntnismäßig mitzugehen.

Der Schwan als ein Tier für das dritte, das Solar-Plexus-Chakra, zeigt in seiner edlen Art etwas vom Ernst und von der Verantwortlichkeit, die es braucht, um nicht nur im äußeren Naturgeschehen aufzugehen, sondern diesem ein rein Menschliches, das die Sorgen und Nöte der Welt mitträgt, hinzu zu geben.

Ostern: Das Lamm als Tier-Symbol gehört zum Herz-Chakra. Dies bedeutet für den Menschen zunächst einmal, dass das aufsteigende Jahr beziehungsweise dass der Bären- oder Kuh-Weg entlang der Vorderseite und zwar von unten nach oben, von Chakra zu Chakra verläuft. Der Auf- und Abstieg der Sonne im Jahreslauf findet so eine Entsprechung in den Chakren-Energien, nämlich auf der Vorder- und auf der Rückseite des Menschen, so wie dies dem energetischen Verlauf im Feinstofflichen des Menschen entspricht. Dieser Energie

-Kreislauf wird in der chinesischen Medizin als der kleine himmlische Kreislauf beschrieben.

Das Grals-Symbol des Kelches deutet auf das Opfer des Lammes hin, auf die Hingabe des Herzens, um mit Christus den Tod und die Auferstehung miterleben zu dürfen.

Himmelfahrt: Der Name erscheint auf dem Gral. Damit ist eine Aufgabe verbunden, zu wirken für den Geist. Das Einhorn als Tier-Symbol empfängt die Inspirationen, die aus der Zuwendung zu den geistigen Wesen und Gefilden herabströmen.

Pfingsten: Die Taube als „Krafttier" und als Grals-Symbol führt zur Weisheit des Geistes, um sich mit dem himmlischen Geist vereinen zu können.

Johanni: Durch eine weisheitsvolle Hingabe und einer liebenden Hinwendung und Ehrfurcht für und zur Christus-Wesenheit, wird es möglich, dass eine Geistesflamme von oben das Kronen-Chakra durchbricht und darüber in die Seele des Menschen einwirken kann.

Nun beginnt in der Sommerzeit des Jahres allmählich der Abstieg der Sonne im Jahreslauf. Dieser absteigende Weg hat mehr einen männlichen, ichhaften Charakter und wird als der Adler-Weg bezeichnet. Doch noch ist man in den sommerlichen Höhen den kosmisch-geistigen Kräften zugetan, so wie dies in den folgenden Stufen und Etappen sichtbar wird.

Maria Himmelfahrt: 15. August. Es beginnen Jahresfeste, die nicht mehr so einfach zu verstehen sind, weil es hier auf den Menschen selber ankommt, was er mit den sommerlichen Gaben aus dem aufsteigenden Jahr machen will.

Aus dem siebten Chakra strömt das Grals-Blut ein. Im sechsten Chakra, auf der Rückseite des Menschen, verhilft die Imagination des Adlers dazu, dass wir selbst geistige Sichtweisen und Visionen entwickeln können. Der Adlerweg von oben nach unten, trägt dabei mehr einen männlichen, ichhaften Charakter, so wie dies dann auch an den Krafttieren sichtbar wird.

Maria Geburt: 8. September. Der Name als Grals-Symbol im fünften Chakra im Rückenbereich, bedeutet nun, dass wir über diesen einen geistigen Auftrag erhalten. Dies erfordert jedoch die Voraussetzung, dass wir die Tugenden des achtgliedrigen Pfades für das Hals-Chakra einigermaßen entwickelt haben. Das Tier-Symbol des Hirsches oder des Pferdes gibt uns die Kraft, geistig zu empfangen und dies in die Welt umzusetzen.

Damit ist eine innere Geburt im Seelen-Ich verbunden, so wie die Sonne am 8. September, wenn sie durch das Sternzeichen Jungfrau und da am Hauptstern Spica vorbeizieht, von den kosmischen Urmutter-Kräften, von der Himmelskönigin befruchtet wird.

Der Mensch kann sich wie neugeboren fühlen, wenn er einen geistigen Auftrag erhält, der ihm einen neuen Sinn und neuen Schwung verleiht.

Michaeli: 29. September. Die Herzens-Schale des vierten Chakras wird hauptsächlich durch die sechs Neben-Übungen gebildet, die uns Rudolf Steiner mitgegeben hat.

Ichhaft darf sich mit andauernder Übung allmählich das Herz öffnen, um auch die Mitwelt damit befruchten zu können. Das Tier-Symbol für das Herz-Chakra im menschlichen Rücken ist der Löwe. Herzens-Mut wird benötigt, um von da auch nach unten, zu den unteren Chakren entlang der Wirbelsäule vorstoßen zu können.

Die Chakren auf der Rückseite haben einen aktiven, einstrahlenden Charakter, die an der Vorderseite einen empfangenden, aufnehmenden und ausstrahlenden Charakter. Somit ergänzen sich die Chakren auf der Vorder- und Rückseite.

Halloween: Die Zeit vor und um Halloween, an dem die Finsternismächte vermehrt erscheinen, vollzieht sich in den dunkler werdenden Tagen, vor allem, wenn die Sonne in das Tierkreiszeichen Skorpion eintritt. Damit ist aber nicht nur das heutige „Gruselfest" Halloween gemeint, denn ursprünglich bedeutete diese Zeit vor allem eine Begegnung mit den Schatten- und Abgrundkräften, um daran eine innere Stärke und Reife erwerben zu können, damit man leichter in eine Berührung mit den verstorbenen Seelen, mit den Ahnen und Heiligen kommen kann.

Halloween, die Nacht vor Allerheiligen ist ein „Festtag" für Satanisten und gewisse Geister der Finsternis, daher sollten wir die Spuk- und Grusel-Aktionen nicht übertreiben. Unsere Gesellschaft ist sowieso schon in vielen Bereichen dämonisiert. Das brauchen wir nicht auch noch forcieren. Eher ist es ratsam und wichtig, das Dunkle zu erkennen und es in Schranken zu weisen, kollektiv wie individuell.

Das Grals-Symbol des Schwertes, die Erkenntnis- und Unterscheidungskraft, hat sich ichhaft mit den Schattenkräften, im Tier-Symbol des Drachen, auseinanderzusetzen. Für das dritte Chakra, in der Höhe des Solar-Plexus am Rücken, braucht es für die Entwicklung dieser Ebene die fünf Qualitäten oder Tugenden der Disziplin, des Ernstes, der Unterscheidungskraft, der inneren Wachheit und Tapferkeit.

Allerheiligen, Allerseelen, Totenzeit: Die Schlangenkraft, im Tier-Symbol der Schlange, wie auch im Skorpion, will die Seele in vielfältige Illusionen und Abirrungen verstricken. Da braucht es eben, vor allem in heutiger Zeit, die Imagination eines Steines, der für neue Lebenskräfte sorgen kann, indem wir Standhaftigkeit, Duldsamkeit und Verschwiegenheit als eine innere meditative Haltung erüben. Damit kann das Sakral-Zentrum, der heilige Kreuzbereich an der Wirbelsäule durchlässig werden für das Gralsblut, das durch diese Tugenden und Qualitäten von oben her immer tiefer einwirken kann und uns hieraus mit neuen Kräften speisen will.

Advent: Der Speer muss hier die Richtung in die Tiefe, bis ins Erd-Innere wagen. Da kommt ihm der Wolf als Tier-Symbol entgegen, der mit seiner Gefräßigkeit alles geistige Leben verschlingen und vernichten will. Aus den inneren Ebenen des Irdischen kommen sehr gefährliche Kräfte, die ichhaft, nur mit der Macht der heiligen Liebeslanze bezwungen werden können.

Mit einer barmherzigen Liebe und Güte können wir auch die dunkelsten Kräfte annehmen, so dass sie uns selbst nicht mehr attackieren können. Damit bedeutet die Advents-Zeit aber auch eine Zeit der Läuterung und Reinigung von den Kräften und Mächten der Finsternis, um an Weihnachten in kindlich reiner Seelenkraft so offen und leer sein zu können, damit sich eine Geistgeburt, nun aber aus den Tiefen der Erde, aus dem inneren Schatz der Erde vollziehen kann.

Insgesamt gesehen ergibt sich so ein Jahreslauf, der die menschliche Seele mit dem großen Jahr der Erde verbinden will. Nicht nur ein Hinauf und Hinunter zwischen Himmel und Erde ist damit verbunden, denn es entsteht bei fortdauernder Anwendung und Übung ein Kreis, das Jahr wird rund. Für den Menschen entwickelt sich auf diesem Wege allmählich ein Erleben und Geschehen, das den inneren Menschen, das innere Zentrum, sein Ich mit dem Umkreis, mit der großen Welt vereinen kann. Mensch, Erde und All wachsen auf diesem Wege immer mehr mehr zusammen. Dahin will der heilige Gral schließlich hinführen.

In der Gnade des aufsteigenden Jahres, wie auch in den Mühen des absteigenden Jahres kommt erst in einem Zusammenklang eine Ganzheit zustande. Lernen wir den ganzen Kreislauf zu überblicken und darin auch die entsprechenden Pole zu erkennen, können wir im Bewusstsein immer auch noch die gegenüberliegende Seite beherzigen, um allmählich zu einer Steigerung der Pole und damit zu einer Ganzheit hingelangen zu können.

Die Ganzheit ist im Gralsgeschehen als ein langer und weiter Weg geschildert, der, wenn wir ihn aufrichtig und ehrlich gehen wollen, uns selber immer ganzer werden lässt.

In der folgenden Darstellung soll dieser Weg noch in einer zusammenfassenden Skizze aufgezeigt werden. Sie kann für eine Betrachtung dienlich sein, um das nicht ganz einfache Thema etwas anschaulicher werden zu lassen.

Das Jahr im Menschen

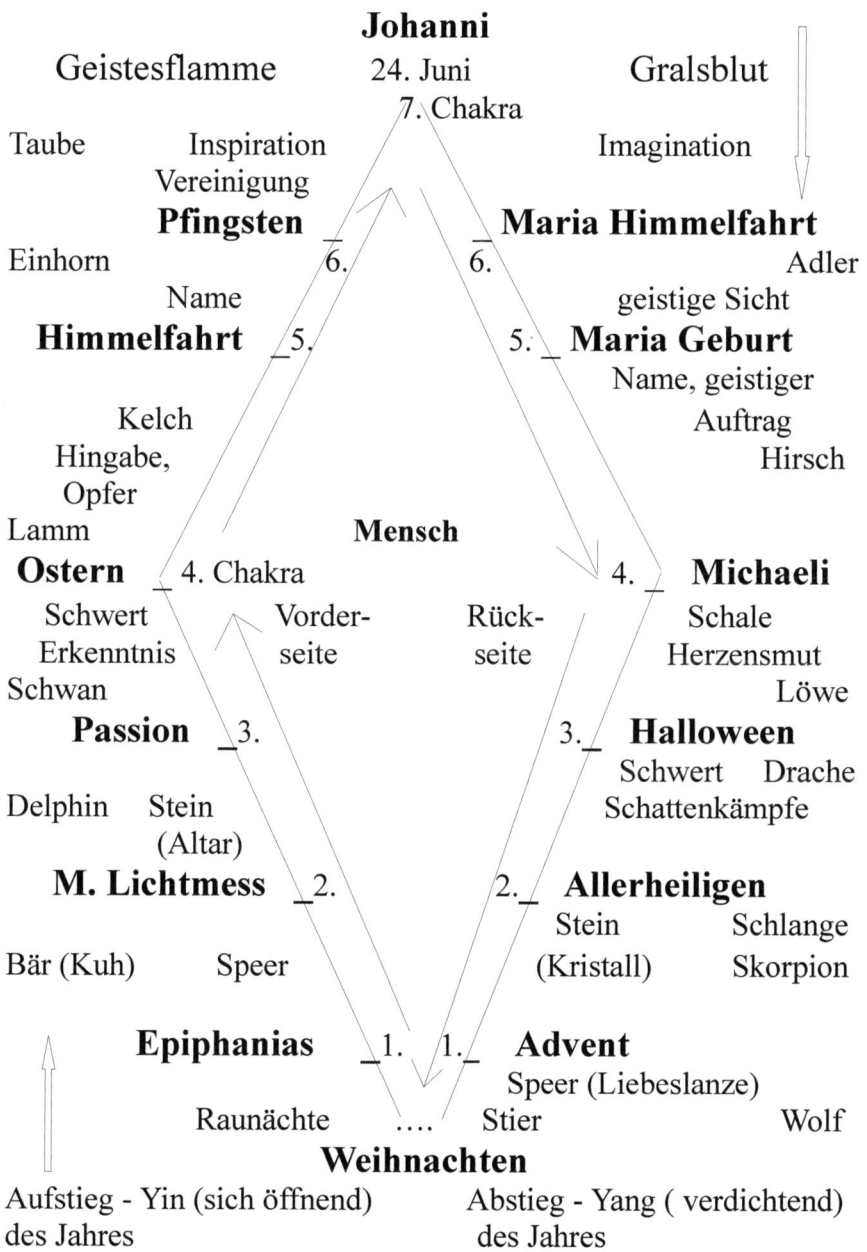

Johanni

Geistesflamme   24. Juni   Gralsblut

7. Chakra

Taube   Inspiration   Imagination

Vereinigung

Pfingsten   **Maria Himmelfahrt**

Einhorn   6.   6.   Adler

Name   geistige Sicht

Himmelfahrt   5.   5.   **Maria Geburt**

Name, geistiger

Kelch   Auftrag

Hingabe,   Hirsch

Opfer

Lamm   **Mensch**

Ostern   4. Chakra   4.   **Michaeli**

Schwert   Vorder-   Rück-   Schale

Erkenntnis   seite   seite   Herzensmut

Schwan   Löwe

Passion   3.   3.   **Halloween**

Schwert   Drache

Delphin   Stein   Schattenkämpfe

(Altar)

M. Lichtmess   2.   2.   **Allerheiligen**

Stein   Schlange

Bär (Kuh)   Speer   (Kristall)   Skorpion

Epiphanias   1.   1.   **Advent**

Speer (Liebeslanze)

Raunächte   ....   Stier   Wolf

Weihnachten

Aufstieg - Yin (sich öffnend)   Abstieg - Yang (verdichtend)

des Jahres   des Jahres

Den Schatz im Inneren der Erde finden wir an Weihnachten, weil da der Christus im Erdensein erscheint. Zuvor muss aber der absteigende Weg von Johanni bis Weihnachten als ein Ich-Weg gemeistert werden. Die Adler-Energie erschafft einen Zukunftsblick und damit Visionen und Imaginationen, die einem geistigen Auftrag gleichkommen, wenn für das Hals-Chakra die Fähigkeiten aus dem achtgliedrigen Pfad, für das Herz-Chakra die sechs Nebenübungen und für das Solar-Plexus-Chakra weitere fünf Qualitäten erworben wurden, die uns für den Kampf mit den Finsternismächten rüsten. Die Fähigkeiten für das Sakral-Chakra, um einen leben-schenkenden Stein kreieren zu können und die Tugenden der Barmherzigkeit und Güte, mit denen wir den heiligen Speer in die Erdentiefen ausrichten können, diese Tugenden sollen auf dem absteigenden Grals-Weg ichhaft erworben werden. Dann kann an Weihnachten ein inneres Licht im Herzen zu leuchten beginnen, das uns das aufsteigende Jahr mit den darin enthaltenen christlichen Festen begleiten, führen und beflügeln kann. Als eine innere Übung können diese Zuordnungen auch umgekehrt beschritten werden, wo dann der hier beschriebene innere Grals-Weg in der Gegenrichtung zum natürlichen, energetischen Kreislauf verläuft. Dabei wirkt dieser Weg energetisch eher anregend und impulsierend. Aber dies sei hier nur als ein Zusatz erwähnt. Ein Mitgehen mit dem Energiestrom wirkt eher harmonisierend, gegen den Energielauf zu arbeiten, benötigt eine höhere Anforderung, so wie zum Beispiel im Kundalini-Yoga an der Wirbelsäule von unten nach oben gearbeitet wird, dies aber nur mit der Hilfe eines Gurus.

Gral und Sphinx

Da die bisherigen Schilderungen für den inneren Grals-Weg doch etwas kompliziert erscheinen mögen, auch weil man sich da erst hineinleben muss, um die darin enthaltenen Möglichkeiten und Früchte sich aneignen zu können, werde ich im Folgenden eine einfachere Version aufzeigen, die für ein meditatives Arbeiten leichter zu bewältigen ist.

Aus der Hermetik kennen wir die Sphinx oder das sogenannte Vier-Getier, bestehend aus dem Stier (Bauch, Unterleib), dem Löwen (Brust, Mitte), dem Adler (Kopf, Stirn) und schließlich dem Menschen, der die drei Bereiche zusammenfassen kann.

Um diese Sphinx mit dem vorher beschriebenen Grals-Weg zusammenbringen zu können, müssen noch einige Komponenten hinzu kommen.

In der folgenden Abbildung, in der sich die männlichen und die weiblichen Qualitäten in einem Oval ergänzen, wird erst offenbar, wie die Sphinx zu einer runden Ganzheit erweitert wird beziehungsweise wenn aus dem Viergetier quasi ein Sieben-Getier ersteht.

Das Vier-Getier beschreibt das fixe Kreuz im kosmologischen Tierkreis, bestehend aus den Tierkreiszeichen Wassermann, Löwe, Skorpion und Stier. Bringen wir diese Energien in einen Kreis, eben in der absteigenden Jahreshälfte und dazu noch bestimmte weibliche Tierkräfte, so wie diese im aufsteigenden Grals-Weg ersichtlich sind, wird daraus eine runde Sache, mit der wir einfacher und überschaubarer umgehen können.

Mensch (Hermaphrodit)
Wassermann ♒
Wissen

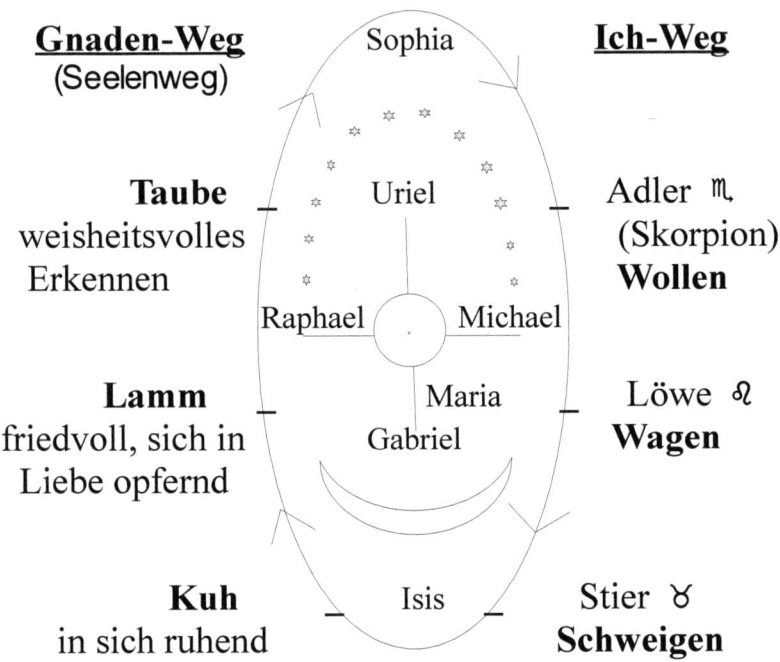

| **Gnaden-Weg** | Sophia | **Ich-Weg** |
| (Seelenweg) | | |

Taube — Uriel — Adler ♏
weisheitsvolles (Skorpion)
Erkennen **Wollen**

Raphael · Michael

Lamm — Maria — Löwe ♌
friedvoll, sich in Gabriel **Wagen**
Liebe opfernd

Kuh — Isis — Stier ♉
in sich ruhend **Schweigen**

Die Stier-Energien, die die erdhaften Kräfte im Menschen vermitteln, sie können erst vollständig ergriffen werden, wenn die Drachen-, Schlangen- und Wolfskräfte überwunden worden sind, wenn also im absteigenden Jahr bis in die seelischen Tiefen hinein-gearbeitet wurde. Der Stier, das Triebhafte und Kraftvolle, muss auf diesem Wege schweigen können. Das erreicht man durch eine Konzentrationfähigkeit, die alle Denk-, Gefühls- und Willensregungen zurückhalten kann. Eine innere Leere entsteht. Damit wird erst ein Raum geschaffen, der von einer weiblichen Qualität, im Bild der Kuh, belebt und eingerichtet werden kann. Die Kuh findet einen festen Stand auf der Erde, so auch im Seelensein und damit auch den richtigen Ort, zu wirken in der Welt. Dies vor allem, wenn wir, wie die Kuh, eine ruhige, in sich ruhende und meditative Seelenhaltung, quasi ein inneres Wiederkäuen, erzeugen können. Zum Schweigen muss eben noch ein meditativer Inhalt hinzukommen können, damit der leere Raum gefüllt werden kann. Erst in innerer Stille, Achtsamkeit und Konzentration wird die Seele bereit, sich für etwas Höheres hingeben und opfern zu können. Dieses Höhere in sich zu finden, kann nur in der Ruhe geschehen, wenn der Weg vom Stier zur Kuh beschritten worden ist, wenn also die triebhaften Kräfte schweigen und sich im Inneren, in der inneren Ruhe und Stille neue Impulse und Sphären offenbaren, für die man zukünftig leben und sich engagieren will.

Sich für ein Höheres hinzugeben, dafür steht das Lamm. Wenn sich alle Eigenheit aufgeben kann und dadurch ein leerer Raum entsteht, dann erst können wahrhaftige und weisheitsvolle Impulse aus dem Geistigen erscheinen. Diese weisheitsvollen Offenbarungen und Erkenntnisse schenken dem Menschen schließlich ein Wissen, das dann auf dem absteigenden Weg durch die männlichen Attribute des Wollens und Wagens in lebensvolle und praktische Tätigkeiten umgesetzt werden können.

Wenn man diese Tier-Polaritäten anschaut und sie auf sich wirken lässt, so kann recht leicht eingesehen werden, dass Adler und Taube, Löwe und Lamm, wie auch Stier und Kuh so einfach nicht an- und auszugleichen sind, auch weil sich darin gewisse männlich-weibliche Polaritäten zeigen.

Eine Harmonie kann daher nur erfolgen, wenn der Mensch mit seinem Wissen und Bewusstsein hier einen gestaltenden und kreativen Umgang und Ausgleich bewirken kann. Der Mensch beziehungsweise der Wassermann-Typus ist hier ja nicht mehr nur männlich oder weiblich anzusehen, denn er umfasst alles, seinen Kopf-, Herz- und Bauchbereich, also den Adler, den Löwen und den Stier in sich, wie auch seine Vorder- und Rückseite beziehungsweise die linke und die rechte Körperhälfte, in denen sich diese Pole zeigen und schließlich den sonnenhaften inneren Menschen in seinem geistigen Sein.

In unserer Zeit leben wir im beginnenden Wassermann-Zeitalter. Aus den hier dargestellten Ausführungen kann nun eingesehen werden, dass der Ausgleich und Zusammenklang von männlich-weiblichen Tugenden eine zwingende Notwendigkeit für die Zukunft bedeutet, der wir uns im eigenen Seelischen, wie auch in der Welt mit besonderem Interesse und liebevoller Zuneigung widmen dürfen. Das Prinzip von Polarität und Steigerung, so wie dieses von Goethe ausgesprochen wurde, ist der Schlüssel, hin zu einem neuen Menschen, den wir erst noch erschaffen müssen.

Das Menschliche steht über dem Geschlecht, es umfasst und integriert dieses. Und es kann Kopf, Herz und Hand miteinander verbinden, auf dass wir unser Tun und Lassen immer aus dem Geist des Menschlichen, aus dem Christus-Geist, aus unserem höheren Wesen hervorbringen. Das sind die Anforderungen, die die kommende Wassermann-Zeit, besser vielleicht die „Wassermensch-Zeit" an uns alle stellt. Damit wird eine weitere Stufe, hin zum Gral erklommen.

Zusammenklang und Ausblick

Aus dem Verhältnis und dem Zusammenfinden der weiblichen und der männlichen Seelen-Qualitäten kann daraus mit der Zeit ein Drittes hervorgehen, das erst eine wirkliche Einheit hervorbringen kann.

Die vier Attribute der Sphinx aus Wassermann, Löwe, Skorpion und Stier werden durch deren weibliche Qualitäten erst zu einer Ganzheit heranreichen können. Dabei ist zu beachten, dass das Zeichen Wassermann schon über das Geschlechtliche hinausweisen kann, denn darin offenbaren sich die rein menschlichen Attribute unseres Seins.

Findet der Mensch, der „Wassermann" beziehungsweise der Wassermensch das Wissen vom ganzen Menschsein in sich, sowie den Adler und damit ein Wollen aus der Erkenntniskraft der geistigen Überschau, der sich mit der Taube, der lichtvollen Weisheitssphäre des Alls zusammen-findet und zwar in seinem Haupt, so ist damit ein erster Schritt zu einer Ganzheit hin getan. Denn daraus kann sich eine Steigerung, eine Synthese und ein Zusammenklang von Adler und Taube herausbilden, der in das imaginative Bewusstsein hineinführt.

Ebenso entsteht aus der Vereinigung vom Löwen, dem mutvollen Wagen mit dem Lamm, dem seelischen Liebe-Opfer, eine neue Sphäre, ein Drittes, daraus sich ein inspiriertes Bewusstsein heranbilden kann. Denn in der Vereinigung von Lamm und Löwe, so wie diese auch in manchen alten alchemistischen Darstellungen erscheint, wird ein Prinzip ersichtlich, das auf der Herz-

Ebene dahin führt, dass sich darin der Gottesfunke, das Göttliche im Menschen offenbaren und einleben kann. Und schließlich beim Stier beziehungsweise dem Schweigen, da darf man erkennen, dass diese Fähigkeit und Kraft erst gefunden und gestärkt werden kann, wenn damit die Abgrundkräfte des Wolfes, der Schlange und des Drachens überwunden worden sind. Einem inneren Schweigen, einem Nichtreagieren auf äußere Angriffe, können diese Mächte nichts anhaben. Widar aus der germanischen Mythologie ist dafür ein Urbild.

Doch zum Schweigen, dem Stierprinzip, muss die Kuh, die weibliche Seite hinzukommen, die in sich ruht und daher innere Bewegungen, Begegnungen und Eindrücke wahrnehmen und dadurch erst einen neuen Weg des „Aufstiegs" beschreiten kann. Ein Schweigen allein genügt noch nicht, denn ohne einem „in sich Zuhause sein" (der Bär) und einem Finden eines Ortes in der Welt (die Kuh), die erst zusammen ein Einleben in die eigene Leiblichkeit und in die natürliche Umgebung gewähren können, ist das Ganze noch nicht rund. Wenn Stier, Kuh und Bär zusammen im Wurzel-Chakra sich vereinen, ersteht aus deren Qualitäten des Schweigens, des in sich Ruhens und des sich verortet Fühlens, der „Boden", von dem aus wir die Welt ergreifen und in die Welt ein-wirken können. Im Leiblichen, das sich mit allem „Leib-lichen" der Welt verbunden weiß, ersteht die Intuition, die intuitive Erkenntniskraft.

Immer kann aus den Polaritäten der männlichen und weiblichen Seelenkräfte eine Höheres daraus hervor-gehen, das einer geistigen Sphäre entstammt. Und der Mensch, der Wassermensch, der im traditionellen Bild für das Zeichen Wassermann einen Krug trägt, er trägt das Wissen aus dem Baum des Lebens in sich, von dem er immer etwas in das Menschen- und Welten-Sein ausgießen darf, um diese mit neuem Leben, dem Leben aus dem heiligen Gral speisen zu können.

Dies hier Dargestellte sind nur einige der Gedanken, die sich aus dem Beschäftigen mit den Inhalten aus dem großen Thema des Gral während der letzten Zeit ergeben haben. Dabei ging es ja vor allem auch um das Verhältnis des Männlich-Weiblichen, weil im Gral immer eine Ganzheit und damit eine Überwindung der polaren Gegensätze anzustreben ist.
Doch dies ist nur ein Themen-Komplex, der im und durch das Grals-Geschehen aufgearbeitet werden kann. Denn der Gral offenbart im weiteren vor allem auch das Mysterium des heiligen Blutes, so wie dies im Mysterium auf Golgatha angelegt ist, als das herabfließende Blut des Erlösers die Erde berührte und ihr damit einen neuen Lebens-Impuls einverleiben konnte. Das Grals-Blut beziehungsweise das rosenfarbene Blut des Christus, das von Egoismen und Leidenschaften gereinigte Blut, trägt die Kräfte des Himmlischen in sich, die auch uns Menschen zugute kommen können, wenn wir bereit werden, unser menschliches Blut einem Reinigungs-Prozess unterziehen zu wollen.
Dieses Grals-Geschehen offenbart seinen sinnbildlichen Charakter in den fünf Wunden des Christus, aus denen Wasser und Blut bei seiner Kreuzigung auf Golgatha ausgeflossen ist. In früheren Büchern habe ich diese Thematik näher beschrieben. Hier soll nur noch aufge-

zählt werden, welche Ego-Manieren es sind, die gewisse Wunden heraufbeschwören, die dann bestimmte seelische Folgen und karmische Krankheiten nach sich ziehen, die Christus durch seine Opfertat für die Menschheit heilen konnte. Sein Blut blieb rein, weil Christus in seinem Erdenleben im Jesus von Nazareth immer mit dem göttlichen Vater verbunden blieb und dabei im Einklang mit den großen Weltgesetzen handelte.

Unser eigensinniges und selbstsüchtiges Agieren ist es, das uns von den harmonischen Gesetzen des Geistes trennt. Daher sind wir aufgerufen, unser egoistisches Verhalten, unsere Ego-Wünsche zu erkennen, um sie nach und nach mit der Hilfe des Christus, mit dem Urbild des reinen und vergöttlichten Menschen überwinden und heilen zu können.

Diese fünf Wunden lauten:

1. Der Wunsch, groß sein zu wollen (besser, schneller, gescheiter, höher, größer, reicher, weiser usw.)
2. Der Wunsch zu nehmen (ohne Ausgleich, ohne geben zu wollen).
3. Der Wunsch festzuhalten (an Beziehungen, an Besitz, Geld, Status etc.)
4. Der Wunsch vorwärts zu kommen, auf Kosten anderer (Karriere, Konkurrenz und Leistungsdenken).
5. Der Wunsch sich zu behaupten, auf Kosten anderer (Machtstreben, ohne Rücksicht auf Nachkommende)

Daraus entstehen zahlreiche seelische und mit der Zeit auch leibliche Einseitigkeiten und Gebrechen.

Denn wenn man zum Beispiel immer nur nehmen will, entsteht wie automatisch die Angst, dass man selbst bestohlen wird oder dass man nicht genug bekommt, was natürlich auch wieder eine Ursache sein kann für das immer nur Nehmen-wollen. Dieses Mangel-Bewusstsein führt dann dazu, dass man sich öfters ungerecht behandelt fühlt. Dies tritt ja heute in bestimmten Gesellschaftsschichten zutage, wo eben das Gefühl entstanden ist, zu kurz zu kommen. Schaut man da aber etwas tiefer rein, so kann bemerkt werden, dass diese Leute gerne nehmen, vom Staat, von der Allgemeinheit, aber wenig bereit sind, eine schenkende Geste einzunehmen.

Nun ist es aber ein geistiges Gesetz, dass nur dem gegeben wird, der auch teilen und verschenken kann. Wenn wir immer noch gegenrechnen, wo gebe ich und was erhalte ich dafür, kann kein „himmlischer Lohn" erwartet werden. Im und durch das geistige Gesetz erhält derjenige viel, der auch viel gibt und schenkt.

Unser geistiger Lohn, ja, was ist das überhaupt?

Sinnliche Naturen verzichten vielleicht gerne darauf, wenn sie dafür im Irdischen zahlreiche „Früchte" erhalten können. Doch zu welchem Preis?

Geistige Werte und Früchte, wie die Dankbarkeit, wie Achtsamkeit, Toleranz, Gleichmütigkeit und Gelassenheit, einem inneren Frieden und einer barmherzigen Liebe und Güte zählen in unserer Gesellschaft immer weniger, obwohl diese gerade die Pfeiler für eine humane Gesellschaft ausmachen. Verliert der Mensch seine geistigen Werte, sein inneres „Kapital", wird er sich mit der Zeit in den niederen Seelengründen verlieren müssen, so wie dies in unseren Tagen, gesellschaftlich gesehen, immer stärker zutage tritt.

Wir leben, im Jahre 2024/25, in einer Zeit, in der die finsteren Klingsor-Mächte am Zunehmen sind, auch weil es zu wenige Parzival´s gibt, die den Weg zum Gral und damit den Weg zu einer Vereinigung der königlichen und priesterlichen Eigenschaften und Gegensätze beschreiten wollen.

Der König ordnet und gestaltet das Irdische nach himmlischen Vorgaben. Der Priester bringt und verwandelt durch persönliche Opfer allzu Irdisches dahin, dass dieses vom Himmel gesegnet werden kann, wie zum Beispiel im Brot und im Wein beziehungsweise dann auch im Leiblichen und Seelischen, das dem Himmel dargebracht wird, um eine Transformation, um den Segen der göttlichen Welt erhalten zu können.

Um sich diese königlichen und priesterlichen Qualitäten aneignen und dann vielleicht auch einmal ein Priesterkönigtum erreichen zu können, das noch über dem König und dem Priester steht, müssen die seelischen Abgründe und Wunden überwunden werden.

Der Priesterkönig ist der geistig Schauende und Erlebende, der Initiierte, der wie Lazarus-Johannes durch den Tod gegangen ist und als ein neuer Mensch von Christus erweckt worden ist. Dieser Priesterkönig hütet den Gral im Osten der Welt, so erfahren wir dies aus den Grals-Legenden. Doch dieser Priesterkönig Johannes, zu dem Repanse de Shoye mit Feirefis, dem Halbbruder Parzival´s, den Gral überbringen konnten, wird für uns heute lebende Menschen noch ein Geheimnis bleiben. Denn zuerst müssen wir unsere Wunden erkennen und mit der Hilfe des Christus, diese auch heilen und erlösen wollen. Dann erst kann sich der Gral erneut enthüllen. Aber dazu wird es noch viele Anstrengungen und Zeiten benötigen. Damit beginnen dürfen und sollen wir aber schon heute.

Die Wundmale des Christus und die Wunden der Menschen und der Menschheit

Die Wundmale, die am Kreuz von Golgatha an den Händen, Füßen und in der Leibesmitte durch Nägel und Speer hervorgerufen worden sind, beinhalten und bedeuten ein Mysterium, das hier etwas näher betrachtet werden soll.

Aus diesen Wunden floss Blut und Wasser des sterbenden Christus Jesus. Joseph von Arimathia fing diesen Ausfluss in einem Kelch auf, so wird es berichtet. Das ist der Beginn der Grals-Strömung in christlicher Zeit. Von diesem Blut wurden einige Tropfen in bestimmten Gebieten Europas verteilt, so dass davon in der weiteren geschichtlichen Entwicklung bestimmte Grals-Impulse ausgehen konnten.

Doch was bedeutet dieses Blut eigentlich?

Blut ist, zusammen mit dem Wasser, der Lymphflüssigkeit, der Träger des menschlichen Lebens, wie auch der Empfindungen und der Ich-Kräfte, die durch den Eigenwillen des Menschen sichtbar werden. Das Blut des Christus Jesus war aber ohne Eigenwillen, denn Christus hatte sich ganz dem göttlichen Vaterwillen unterstellt. Daher spricht man vom reinen, rosenfarbenen Blut des Erlösers. Andererseits hatte er sich aber auch mit der Menschheit so verbunden, dass er deren Einseitigkeiten, Krankheiten und Mängel angenommen hatte. Das sind letztlich die Wunden, die ihm am Kreuz in Hände, Füße und in den Leib geschlagen wurden. Christus nahm diese Menschheits-Wunden an und heilte sie durch seine Opfertat. Dadurch ist für jeden einzelnen Menschen eine Möglichkeit geschaffen worden, selbst seine Ich-Natur erkennen und auch wandeln zu lernen. Dies soll im Folgenden hier aber nur noch zusammenfassend dargestellt werden, damit der Leser daraus selber eine besinnliche und meditative Einfühlung erreichen kann. Dabei geht es nicht nur um den Einzelmenschen mit seinen persönlichen Mängeln, denn Christus ist der Geist beziehungsweise der Repräsentant der Menschheit als ein übergeordnet Ganzes, also einem Wesen, worin jeder Einzelne seine verbindende und umfassende Mitte finden kann. Erkenne ich mich als Einzelner in diesem großen Menschheits-Zusammenhang, so wird es leichter, auch die persönlichen Wunden und Einseitigkeiten annehmen und wandeln zu lernen.

In früheren Schriften hatte ich diese Wunden schon einmal beschrieben. Hier werden sie erweitert für die Menschheit als Ganzes.

Zunächst aber für den Einzelnen:

Die Wunde des Christus Jesus (körperlich)	Die Wunde im Seelischen des Menschen, hervorgerufen durch die Wunschnatur seines Ichs	Der Mensch setzt sich „Masken" auf, damit er seine Wunden nicht spürt	Geistige Ursachen zum Entstehen der seelischen Wunden: die Ego-Wünsche
Körpermitte (Speer)	Gefühl der Ablehnung	Flucht, er flüchtet in	Der Wunsch, Groß zu sein

Todesstoß	(oftmals lehnt man selbst ab und wird in in der Folge abgelehnt)	vielerlei Ablenkungen und Süchte, um dem Gefühl der Ablehnung zu entkommen	(besser, höher, gescheiter …)
rechte Hand	Gefühl der Ungerechtigkeit	führt zu Starrheit und Verbitterung	der Wunsch, zu nehmen
linke Hand	Gefühl des Verlassenseins	um ja nicht ververlassen zu werden, macht man sich abhängig von Menschen und Dingen	der Wunsch, fest zu halten
rechter Fuß	Gefühl des Verrats	führt dazu, dass wir alles kontrollieren wollen, um dem Verraten-werden vorzubeugen	der Wunsch und Wille, vorwärts zu kommen, auf Kosten anderer
linker Fuß	Gefühl der Demütigung	um ja nicht gedemüdigt zu werden, unterwirft man sich lieber	der Wunsch, sich zu behaupten, auf Kosten anderer

Durch die Wunden des Christus am Kreuz konnten die seelischen Wunden der Menschheit mit dem vergossenen Blut in die Erde abfließen. Christus verzichtete auf diese Wünsche unserer Ich-Natur, unseres gefallenen Ichs, die jeder Mensch in gewissem Ausmaß in sich trägt. Verletzungen an den entsprechenden Körperregionen können auf diese Wunden hinweisen.

Verbinden wir uns mit Christus, in dem wir sein rosenfarbenes Grals-Blut anstreben, so kann dieses in uns einwirken, so wie ich dies in den Kapiteln über den inneren Grals-Weg beschrieben habe.

Die Wunden der einzelnen Menschen haben aber auch eine Wirkung auf die Gesamtheit der Menschheit, so wie ich dies hier nur noch kurz beschreiben will.

Die Wunde der Ablehnung (Körpermitte) führt im Kollektiv zur Flucht vor der Wahrheit und damit in einen vermehrten Egoismus und Atheismus hinein. Diese Wunde ist uralt, wahrscheinlich durch den Sündenfall, der Ablehnung göttlicher Gesetze hervorgerufen. Da die Schlange den Menschen einflüsterte, so wie Gott, also etwas Besseres und Erhabenes sein zu können, übertraten sie die Gesetze Gottes. Es war ihnen ja verboten, vom Baum der Erkenntnis des Guten und des Bösen zu essen, der ihnen den Weg in die Dualität eröffnete. Lehne ich etwas ab, so werde ich irgendwann selbst abgelehnt. Das eine zieht das andere nach sich. Will ich „groß" sein, so muss ich auch das Niedere, Kleine und Schwache erfahren. Das ist der „Sünde" Sold.

Eine Heilung dieser Wunde kann im Gehorsam und in der Demut vor den göttlichen Gesetzen erfolgen, wenn wir sprechen lernen: „Dein Wille geschehe".

Die Wunde der Ungerechtigkeit (rechte Hand) hat im Kollektiv zum Entstehen des Kapitalismus geführt, wo es ja darum geht, für sich und die seinen das Meiste rauszuholen, also zu nehmen ohne einen entsprechenden

Dank beziehungsweise einem Ausgleich für das, was wir der Erde entnehmen.
Eine Heilung dieser Wunde kann geschehen, wenn wir uns im Geist des Altruismus, in der Nächstenliebe, im sozialen Engagement und in einer Bescheidenheit üben. Auch der Apfel aus dem Paradieses-Garten wurde ohne Erlaubnis Gottes entnommen. Benutzen wir unsere Erkenntniskräfte (das Essen des Apfels) selbstsüchtig zum eigenen Gebrauch oder zum Wohle des Ganzen? Das entscheidet über die Zukunft der Menschheit.

Die Wunde des Verlassenseins (linke Hand) führt im Kollektiv zum Materialismus. Das Gefühl der Einsamkeit und Isolation, hervorgerufen durch den Rauswurf aus dem Paradies in die Gottferne, brachte es mit sich, dass sich der Mensch anstelle des Göttlichen immer mehr den materiellen Gütern und Gesetzen zuneigte. Doch dadurch entstand eine zunehmende Abhängigkeit, quasi als Ersatz, der das verlorene Paradies ausgleichen sollte. Abhängigkeiten machen aber nicht frei.
Erst wenn wir es vermögen, Unnützes loszulassen und wesentliche Dinge mit Freude verschenken zu lernen, wird ein seelischer Raum geschaffen für spirituelle und geistige Werte und Fähigkeiten, die uns aber erst dann zukommen können, wenn wir unsere innere Armut und Bedürftigkeit erkennen und annehmen lernen. Ohne eine echte Spiritualität kann der Materialismus nicht überwunden und geheilt werden.

Die Wunde des Verrats (rechter Fuß) führt im Kollektiv zum Nationalismus und Rassismus. Man will durch diese Einstellungen und Anschauungen kontrollieren können, wer zu einem gehört und passt. Wenn man sich auf Kosten anderer Menschen Vorteile verschaffen will, durch Konkurrenz, Neid und Herabwürdigung, so zeigt dies nur, dass man sich von Anderen abgrenzt, weil man sie als Gefährder ansieht, die uns schaden und verraten können.

So fühlte sich Kain durch seinen Bruder Abel verraten, weil der noch mehr mit dem Göttlichen verbunden blieb. Der Ackerbauer Kain hatte sich schon tiefer in das Irdische eingelebt als der Hirte Abel, der vom Göttlichen „geadelt" wurde, da seine Opfergaben angenommen wurden.

Insgesamt betrachtet kann somit erkannt werden, dass die göttliche Welt eine „Mitschuld" an diesen Wunden trägt, auch weil es scheinbar im göttlichen Plan vorgesehen war, dass der Mensch diese Wunden in sich erleben und erfahren musste und immer noch muss. Eine Heilung dieser Wunde erfolgt durch die Nächstenliebe und einem sozialen Geben und Zusammenhalt. Wir erfahren uns dann als Brüder und Schwestern in einem großen Ganzen, das wir als Menschheit nun einmal sind.

Die Wunde der Demütigung (linker Fuß) führt zum Faschismus, dem Macht-haben-wollen über andere. Man demütigt und schädigt andere, um sich selbst, um sich in seinem Ego behaupten zu können.

Letztlich deuten all diese Wunden darauf hin, dass wir uns nicht wirklich geliebt und angenommen fühlen – und auch, dass wir uns selbst nicht lieben können. Ein liebender Mensch muss niemanden demütigen und er muss sich auch nicht anbiedern und unterwerfen, aus Angst, um ja nicht gedemütigt und herabgesetzt zu werden.

Einen Groll über andere zu hegen, zeigt nur auf, dass es im Inneren an einer Selbstliebe fehlt. Das geht uns ja alle an. Wer kann schon sagen, dass er in seiner frühkindliche Erziehung immer eine bedingungslose Liebe erfahren hat, damit er sich vollkommen angenommen und geliebt fühlen kann?

Gerade die großen Faschisten in der Menschheitsgeschichte hatten eine Kindheit zu erleben, wo sie viel Gewalt und Ablehnung erfahren mussten. Und so pflanzen sich diese Demütigungen immer weiter fort, bis wir erkennen, dass es in uns eine Instanz gibt, die von äußeren Kränkungen und dem sich daraus entwickelten Groll unabhängig ist.

Ein reines und keusches Herz wohnt in jedem Menschen, das auch gefunden und erreicht werden kann, wenn er seine Schranken aus Groll, Verbitterung, Wut und Hass durchbricht, wenn er also trotz aller Negativitäten eine Selbstliebe entwickeln kann, die ihn in sein inneres Zentrum, in sein liebendes Herz hineinführen lässt. In diesem Zentrum, in unserem tiefen Herzen finden wir die göttliche Liebekraft. Hier sind wir ganz angenommen und geliebt.

Haben wir dies einmal erfahren, brauchen wir auch andere nicht mehr erniedrigen und demütigen, um uns selbst erhöhen zu können. Denn in diesem Herzen gibt es kein Oben und Unten, kein besser oder schlechter, da ist alles Einheit. Eine neue Welt will daraus erstehen, in der wir alle miteinander verbunden sind.

Gott schickte seinen Sohn in die Menschenwelt, um die Wunden zu heilen, die aus der Trennung vom Göttlichen entstanden sind. Christus goss aber nicht nur die Leiden und Schmerzen aus den Wunden auf Golgatha aus, die er für uns angenommen hatte, sondern auch seine Liebe. Er wurde von Menschen abgelehnt, ungerecht behandelt, verraten, verlassen, erniedrigt und gedemütigt, doch blieb er in seiner Liebe rein, ohne Groll und Verbitterung. Alle Angriffe und Bösartigkeiten, die ihm angetan wurden, konnten ihn nicht abbringen von seiner Liebe zum Vater und auch zu uns Menschen. Dadurch konnte er diese Wunden heilen. Er durchbrach die Mauern des Grolls und der Verbitterung, ja, er konnte verzeihen und auch noch segnen. Und so kann durch diese Wundmale sein göttliches Licht und seine Liebe scheinen, auf dass wir an seinem großen Heilswirken teilnehmen können.

Das Mysterium des menschlichen Blutes ist ein Mysterium des menschlichen Ich's mit seinen Wünschen, Wunden und Verletzungen, das aber auch die Gnade des Christus in sich tragen kann. Und dies vor allem, wenn wir unsere innere Herzens-Schale für die Liebekraft des Christus öffnen können. Dann beginnt des Grales Himmelsblut, die göttliche Liebe in uns einzuwirken und zu fließen. Nicht auf einmal, in einem großen Guss, denn damit ist ein Weg verbunden, der den Menschen in seinem Seelenleben, wie auch die Erde im Lauf des Jahres und die Himmelshöhen mitsamt den geistigen Wesen und Hierarchien allmählich miteinander zusammenbringen und verbinden kann. Doch dazu noch etwas mehr in einem abschließenden letzten Kapitel.

Die Raunächte und der Gang zu den „Müttern und Vätern"

„Vater Himmel und Mutter Erde", das sind die hohen geistigen Hierarchien und die dunklen Kräfte des Erd-Inneren, die in den Raunächten verbunden werden können. Denn die Raunächte bedeuten eine besondere Zeit, in der in diesen heiligen Nächten die Himmel „geöffnet" und durchlässiger sind und in denen der Christusgeist seine kosmischen Gaben der Erdenmutter einverleibt.

Ich schreibe diese Zeilen am Morgen des 1. Januar im Jahre 2025. Die Silvester-Nacht war von einer klaren Sternennacht gekrönt, trotz lauter und verunreinigender Ballerei. In dieser Nacht sind die „Himmel" ganz besonders weit und offen, so dass wir eine direkte Kommunikation und Ansprache mit hohen geistigen Wesen, mit den Geistern des göttlichen Willens, den Thronen führen können. Aber scheinbar wollen viele Menschen dies nicht wahrhaben, denn gerade zu diesen Stunden wird wie „verrückt geballert" und Lärm gemacht.

Nun, das irdische Jahr beginnt am 1. Januar. Mehr ist damit eigentlich nicht gesagt und getan, denn es wird so weitergehen, wie das alte Jahr aufgehört hat. Ein Neu-Anfang ist damit zumeist nicht verbunden. Es wäre ja auch eine Illusion, erwarten zu können, dass mit einem Datumswechsel sich das Leben ändern würde.

Gewiss, man kann in der Numerologie mit der Quersumme der Jahreszahl eine etwaige Aussage machen, so zum Beispiel für 2025, da sich hier die Zahl 9 ergibt, was für Abschlüsse von begonnenen Aktivitäten, also für Vollendungen steht, aber auch für Mitgefühl, Toleranz und einer sozialen Einstellung. Das nehmen wir ja gerne zur Kenntnis.

Das astrologische Jahr beginnt zum Frühlings-Beginn am 21. März, wenn die Sonne in das Tierkreiszeichen Widder eintritt. Die Widder-Qualität fördert neuen Idealismus und frischen Tatendrang. Zudem beginnt für 2025 im Frühling ein Venus-Jahr, doch vom Sonnenjahr 2024 ging nicht wirklich viel Sonnenhaftes aus, außer dass es zum wärmsten Jahr in den Wetteraufzeichnungen taugte. Also sollten wir solche Vorausschauen nicht zu hoch hängen.

Das christliche Jahr beginnt am 1. Advent mit der Vorbereitung auf die Weihnachtszeit. Dazu bedarf es vor allem einer inneren Reinigung, um in den Weihenächten gut dastehen zu können – geläutert und rein, wie Maria, die das Kind empfing.

Die erste Advents-Woche ist für die Reinigung des physischen Leibes geeignet: rechtes Maß im Essen, Trinken, im Schlaf und in der Bewegung. Geistig besteht hier eine Verbindung zur urindischen Kultur-Epoche, als die damaligen Menschen ihren physischen Leib zu ergreifen und zu handhaben lernen hatten, zum Beispiel mit Yoga, Gesängen, Ritualen und vorgeschriebenen Lebensweisen.

Die zweite Advents-Woche dient der Reinigung des Ätherleibes. Alte Gewohnheiten und Muster dürfen angeschaut werden. Entsprechend war es in der urpersischen Zeit angesagt, die Licht- von den Finsterniskräften unterscheiden zu lernen.

In der dritten Adventswoche geht es verstärkt um den Astralleib, um unsere Leidenschaften und Begierden, um Wünsche, übernommene Einstellungen und Vorstellungen. Wie egoistisch oder altruistisch sind diese?

In der altägyptischen Zeit war es angesagt, eine seelisch-magische Verbindung zu den Götterwelten erhalten und bewahren zu können. Die Einwohnung des Göttlichen, zum Beispiel in einem Pharao, war damals noch eine Realität.

In der vierten Advents-Woche geht es um das menschliche Ich, entsprechend zur griechisch-lateinischen Epoche, wo es vor allem um eine Mündigkeit und ein Eigensein des einzelnen Menschen ging. Die Frage entsteht dabei: diene ich in freier Willkür einem Höheren oder diene ich nur mir selbst und meinen persönlichen Belangen?

Maria sprach zum Engel: „Siehe, ich bin deine Magd, mir geschehe nach deinem Wort".

An Weihnachten kann sich im reinen, offenen und geläuterten Menschen eine Geistgeburt ereignen. Unser höheres Ich beziehungsweise der Gottesfunke in den Tiefen der Menschenseele will erwachen. Diese marienhafte Hingabe an das hohe Selbst ist eine Aufgabe in unserer sogenannten angel-sächsischen Epoche, die aber der Gefahr ausgesetzt ist, nur noch das Irdische sehen und ausleben zu wollen. Der heutige Mensch taucht ein in die Niederungen der irdischen Welt.

In der beginnenden nächsten Kultur-Epoche, in der sogenannten Wassermann- oder slawischen Zeit, geht es vor allem darum, neue Gemeinschaftsprozesse zu fördern, in denen ein spirituell-geistiges Leben in einer geschwisterlichen Verbundenheit gelebt werden kann. Dies darf heute schon vorbereitet werden, obwohl man feststellen muss, dass ein gemeinschaftliches Zusammenleben alles andere als eine leichte Aufgabe ist, da unsere Egoismen diesem Anliegen vielfältige Hindernisse anbieten.

Wir hatten in einem vorigen Kapitel den Abstieg im Jahreslauf der Erde besprochen, also von den sommerlichen Höhen bis in die Weihnachtszeit hinein. Da geht es vor allem auch um die Begegnung mit den eigenen und den kollektiven Schattenkräften, bis man auf diesem Wege allmählich zu einer inneren Leere und Ruhe, zu einem inneren Schweigen der Seelenkräfte hingelangen kann. Mit anderen Worten, bis man in der Sphinx die geläuterten Stierkräfte in sich entdecken kann, was dann noch vor Weihnachten erreicht werden sollte.

Danach kommt erst der Übergang in das neue Jahr, der in den Raunächten erfolgen darf. Um geistig in das aufsteigende Sonnenjahr mit den weiblichen Qualitäten des Bären und der Kuh hingelangen zu können, müssen die Tiefen des Erd-Inneren durchschritten werden. Dadurch erst können auch die hohen Kräfte des Himmels einstrahlen, denn der Mensch ist der Mittler zwischen den natürlichen und den untersinnlichen Erdkräften, sowie den kosmischen Kräften aus dem weiten All.

Und so bedeutet der Gang durch die Raunächte ein stufenweises Eindringen in die Tiefen und in die Höhen, so wie ich dies im Folgenden in kurzen Worten beschreiben will. Dazu dient als Grundlage der kabbalistische Lebensbaum, dabei geht es letztlich darum, dass wir von einem Erkennen zu einem bewussten Leben und Erleben hingelangen.

Christus bringt seine kosmischen Gaben, die Tierkreis-kräfte zu uns Menschenseelen und in die Erdentiefen hinein. Der Mensch kann in diesen Raunächten mit ihm gehen, wenn er die Tiefen nicht scheut. Auch die Tiefen der Seele werden dadurch angesprochen, die vielen „Leichen" in den dunklen Kammern und Grüften in unseren Seelen, die noch aus uralten Zeiten stammen. Überall soll geistiges Licht einstrahlen können.

Die Göttin Isis kann uns dabei begleiten. Die Mutter Maria empfängt das Geisteskind in der heiligen Nacht. Isis geht mit durch die Tiefen der Raunächte, Sophia, die Sternenkönigin, beleuchtet unseren Seelenweg von oben her und ersteht in der Epiphanias-Zeit im Menschen neu. Mit dem Ewig-Weiblichen, zusammen mit dem Ewig-Männlichen in Christus, kann ein sinnvoller Übergang gelingen – vom ichhaft-männlichen Weg im Abstieg des Sonnen-Jahres, hin zu einem erneuten Aufstieg im früh-lingshaften Sonnenjahr, wenn die menschliche Seele diesen Aufstieg in der Teilnahme an den christlichen Festeszeiten begleiten will.

So rundet sich das Jahr im Menschen und so kommen männliche und weibliche Qualitäten im Menschen zu-sammen, vor allem eben auch, wenn die Weihnachtszeit mit den Raunächten bewusst und erkennend erlebt und mitvollzogen wird. Daher beschreibe ich die Raunächte, die zwölf heiligen Nächte als einen Aufstieg ins Kos-mische (zu den Vätern), aber auch als einen Abstieg ins Erdinnere (zu den Müttern). Dies soll hier aber nur noch stichwortartig geschehen, damit der Leser damit selber arbeiten kann, also nur als Anregung für ein eigenes, besinnliches Suchen und Finden.

1. Nacht vom 24. Dezember zum 25. Dezember:
Sie hat eine Entsprechung zum Januar im Jahreslauf und ist dem Menschen gewidmet. Die Fische-Tierkreiskräfte impulsieren von „Oben". Eine vollkommene Hingabe und ein tiefer Glaube sind maßgebend und nötig, damit sich die Geburt des Gottes-Ichs, des göttlichen Funkens in der Menschenseele ereignen kann.

Im kabbalistisch-sephirotischen Lebensbaum steht und lebt der Mensch in Malkuth, in der Ebene der Form, was im Erdgeschehen der mineralischen Erde, der ersten Erdschicht, auf der wir leben, entspricht. Hier geht es darum, dass sich der Mensch eine Basis, eine Grundlage und eine Verwurzelung erschaffen kann.

Der 25. Dezember ist der Anastasia-Namenstag, das bedeutet die Auferstehende. Fische ist das letzte Zeichen im Tierkreis, wo sich alles wieder einem Höheren hingeben kann und darf.

Insgesamt betrachtet ergibt sich so eine gegenläufige Bewegung, eben zur Erde hinein und dann in den Kosmos hinauf. Dies zu verbinden ist des Menschen tiefste Aufgabe. Wir sind eben immer wieder aufgerufen, Gegensätze zu erkennen, sie anzunehmen und diese auf einer höheren Ebene, in einer Synthese miteinander zu vereinigen. Das aber ist eine echte Lebenskunst.

Leiblich gesehen geht es hier abwärts vom ersten Wirbel des Kreuzbeins, was dem Eintritt in die Tiefen des Erd-Inneren entspricht und wo es den Speer, die heilige Liebeslanze benötigt, um mit dieser Feuerkraft die mineralische Erdkruste durchstoßen zu können und damit, wie in den vorigen Kapiteln angeführt, mit den Kräften einer barmherzigen und gütigen Liebe, die es letztlich erst vermag, auch in die inneren „Höllenreiche" eindringen und diese durchschreiten zu können, um schließlich ins Sonnenzentrum der Erde, entsprechend dem Epiphanias-Tag am 6. Januar, eintreten zu dürfen. Die weiteren Nächte werden hier nur noch in Kurzform erwähnt:

2. Nacht vom 25. zum 26. Dezember: Stephanstag, hat eine Entsprechung zum Februar des kommenden Jahres. Tierkreiszeichen Wassermann, die Engel-Hierarchie (die Boten Gottes). Sephirot Jesod: die Mondensphäre. Hier geht es von Malkuth, der Form, im Lebensbaum aufwärts zur Ebene der Gestaltung. In der Mondensphäre dürfen wir uns einer inneren Führung, der Göttin Isis anvertrauen. Entsprechend kommen wir in die Erd-Schicht der flüssigen Erde beziehungsweise im Leiblichen zum 2. Wirbel des Kreuzbeins. Die Kreuzbeinwirbel sind im Menschen ja zusammen-gewachsen und können daher nicht so leicht unterschieden werden, so auch die ersten 5 Erdschichten, die uns normalerweise nicht so bewusst sind.

Tauchen wir ein in das fließende, ätherische Geschehen im Lebendig-Seelischen, durchströmen wir unseren Leib bis in die harten Knochen mit strömendem Bewusstsein und Geist, so kann eine Entsprechung zum Februar gesehen werden, wenn die Säfte in den Pflanzen wieder zu steigen beginnen.

3. Nacht 26./27. Dezember: Johannes-Tag – die Gnade Gottes will erscheinen, wenn wir selbst zu einem Johannes werden wollen, der von Christus gnadenvoll aus dem Tod erweckt wurde. Tierkreiszeichen Steinbock – die Hierarchie der

Erzengel (Feuergeister). Jahreszeitliche Entsprechung dieser Raunacht zum März. Sephirot Hod – die Wahrheit ergründen. Hod liegt im Lebensbaum auf der Säule der Strenge - die Wahrheit richtet. Merkur-Sphäre – das Denken zum Geist, zur Wahrheit hin ausrichten.
3. Erd-Schicht: Erdendampf – hier urständen die Lebens-Impulse, die aus der Erde strömen. (Kreuzbein 3. Wirbel).

4. Nacht 27./28. Dezember: Tag der Heiligen und der unschuldigen Kinder. Schütze-Zeichen – Ziele finden. Hierarchie der Archai (Zeitgeister). Entsprechung zum April. Sephirot Netzach (auf der Säule der Gnade). Die Venus-Sphäre – Schönheit und Liebe veredeln die Astralsphäre. Seine persönlichen Ziele mit Liebe durchströmen. 4. Erd-Schicht: Urquell – die Wasser-Erde (beherbergt Astralität – Gefühle, Empfindungen). (Kreuzbein 4. Wirbel)

5. Nacht 28./29. Dezember: Thomas der Zweifler. Skorpion-Zeichen – Wandlung und Transformation. Hierarchie der Exusiai (Geister der Form, Schöpfermächte). Eintritt in die Sonnensphäre – zu sich selbst im Ich erwachen. Übergang in den niederen Devachan. Entsprechung zum Mai.
Sephirot Tipheret (Säule der Mitte), geistige Liebe und religiöse Andacht ichhaft ergreifen und gestalten, um die Seelentiefen damit wandeln zu lernen.
5. Erd-Schicht: Frucht-Erde (Leben, die Ätherkraft der Erde) - kann auch unser Ich-Wesen befruchten. (Kreuzbein 5. Wirbel – Übergang zum Steißbein)

6. Nacht 29./30. Dezember: Waage-Zeichen - Empfindungen schulen für die Mitmenschen, die Kunst und die

Natur. Ausgleich schaffen, Empfindungsseele.
Hierarchie: Dynameis (Geister der Bewegung). Eintritt in die Offenbarungs-Ebene im Lebensbaum. Sephirot Geburah (Säule der Strenge). Mars-Sphäre. Hohe Ideale gründen und anwenden. Entsprechung im Juni.
6. Erd-Schicht: Feuer-Erde (Triebe und Leidenschaften). 1. Wirbel Steißbein.
7. Nacht 30./31. Dezember: Tierkreiszeichen Jungfrau - Selbsterkenntnis, Verstandes- und Gemütsseele.
Hierarchie: Kyriotetes (Geister der Weisheit), Sephirot Chesed – Jupiter-Sphäre (Gnade walten lassen), Entsprechung im Juli.
7. Erd-Schicht: Erdspiegel – spiegelt Moral (Lügen, Spott, Täuschungen). 2. Wirbel Steißbein
8. Nacht 31. Dezember zum 1. Januar: Tierkreis Löwe Silvester-Nacht zu Neujahr. Liebe für das Neue.
Hierarchie: Throne (Geister des göttlichen Willens – Kräftegeister). Entsprechung zum August.
Sephirot Binah – Saturn-Sphäre – kosmische Gesetze erkennen und beachten – Hüter der Schwelle. Bewusstseinsseele. Eintauchen in die 8. Erd-Schicht: zum Zersplitterer – alles wir atomisiert, zerstückelt und gespalten. Die Energien daraus strömen in unserer Zeit vermehrt aus der inneren Erde empor. Erkennen und er-lieben dieser Spaltungstendenzen ist heute sehr wichtig. Bewusst hineingehen, auch in sich selbst. Innere Spaltungen erkennen. 3. Wirbel Steißbein.
9. Nacht 1. Jan. /2. Januar: Tierkreis Krebs – Urquell, Segenslicht – Entsprechung zum September.
Hierarchie: Cherubime (Geister der Harmonie) Schicksals-Ordnung und Gestaltung.

9. Sephirot: Chokmah – die Weisheit, Uranus-Sphäre entspricht der Geistselbst-Ebene.

9. Erd-Schicht: Kern-Hülle, das Böse, das Nichts, die Vernichtung. Entspricht Steißbein 4. Wirbel. Das Ende von allem. Doch Christus spricht: „Ich bin bei euch bis ans Ende der Welt".

Durchgehen durch das „Nichts". In sich eine Harmonie erschaffen, zum Urquell streben, zur göttlichen Mutter.

10. Nacht 2./3. Januar: Tierkreiszeichen Zwillinge – Kosmische Urbilder zu neuen Visionen kreieren und zu konkreten Plänen ausbauen. Verbindung zum Göttlichen im Gebet und im innerem Gespräch - spielerisch und liebevoll. Zwillinge sind zwei Wesen, also muss man hier teilen und verschenken können.

Entsprechung zum Oktober (10. Monat)

10. Sephirot: Kether (die All-Liebe), Neptun-Sphäre. Es beginnt hier die Ebene der Emanationen, der göttlichen Ausstrahlungen. Budhi-Prinzip, Lebensgeist-Ebene, göttliche Speisung als Emanation. Auf dieser Eben gibt es keine bösen, untersinnlichen Entsprechungen mehr, denn wir erreichen den Erdkern, die Sonnen-Geistes-Sphäre der inneren Erde, die Sphäre der Liebe. Daraus dürfen wir empfangen, teilen und verschenken.

Die Erde wird sich zukünftig einmal zum Planet der Liebe hin-entwickeln können. Vom Goldkern der Erde strahlt diese Liebe aus, auch in den Menschen, in sein Herz hinein.

11. Nacht 3./4.Januar: Tierkreis Stier – Ausdauernde Beharrlichkeit, Durchhalten in der Erdbeziehung, in der Verbundenheit mit der Erde.

Eintritt in die göttliche Welt, in den Lichthimmel (Ain

Soph Aur). Die Sphäre des Heiligen Geistes. Sie steht und überragt den Lebensbaum, dessen oberste Sphäre Kether ist, von wo aus dann ein Übergang in die Himmelssphären möglich wird. Dies aber nur in einem Akt der göttlichen Gnade.

Eine Entsprechung dieser Nacht im Jahreslauf findet sich im November, dem Toten-Monat, wo es um ein Abschiednehmen von den bekannten Welt-Erscheinungen geht und dem Eintreten in jenseitige Sphären.

Neue Begegnungsmöglichkeiten entstehen über den Heiligen Geist, der in uns einwirken und einwohnen kann und zwar von außerhalb unseres kosmischen Alls aus den Himmelssphären. Der Heilige Geist ist in unserer Zeit überall zu finden, er wirkt von unten (der Erde) und von oben (vom Himmel) in uns hinein. Wir dürfen und können mit ihm zusammen unseren Leib durchgeistigen, dadurch erschaffen wir den Geistesmenschen, den Atman-Leib, den zukünftigen Geistleib des Menschen in einer noch weit entfernten Erd-Entwicklungs-Epoche.

12. Nacht 4./5. Januar: Tierkreis Widder – die Gnade erscheint. Der Gottes-Sohn – Christus urständet im Kristall-Himmel (Ain Soph in der Kabbala). Das ist die Welt der Vorsehung und der himmlischen Urbilder für die geistige Welt und für den weiten Sternen-Kosmos.

Christus als Lamm (Widder) opfert sich für die Welt und bringt neue Ideale und Tugenden herein. Das höchste Ideal ist die Liebe.

Entsprechung im Jahr zum Dezember.

13. Nacht 5./6. Januar: Epiphanias – die Erscheinung des Lichts. Christ-Geburt im Menschen. (Dreikönigs-Tag und Jordan-Taufe, als Christus in den Jesus einzog).

Ain – der Feuer-Himmel, das Elysium. Der Segen des göttlichen Vaters strömt in alle Welten. Hier waltet nur noch Glückseligkeit und himmlischer Segen.

Darüber Worte zu verlieren ist nicht mehr so leicht möglich. Und da hin zu kommen ja auch nicht, denn da hängt alles vom Gnade-wirken Gottes ab. Wir können die himmlischen Sphären nämlich nicht erzwingen. Doch der gnädige Gott schickte seinen Sohn und seinen Geist bis zu uns Menschen, damit wir auch im Erdensein die Himmelskräfte in uns aufnehmen können. Dies vor allem, wenn wir die Wege erkennen und nachvollziehen können, die uns Christus in seinem Erdenleben vorgezeichnet hat und die im christlichen Jahreslauf der Erde eingeprägt sind.

Und so erweisen sich die christlichen Jahresfeste und die Raunächte wie eine Art Landkarte, mit der wir die Ebenen und Sphären der übersinnlichen Welten erkenntnis- und bewusstseinsmäßig überblicken können. Und das ist, so meine ich, schon eine große Hilfe für das Leben in der irdischen Welt. Wie wäre wohl das Leben in unserer Zivilisation ohne Advent, Weihnachten, Passions-Zeit, Ostern, Pfingsten, Johanni, Michaeli und dem Gedenken in der Totenzeit, also nur zu leben im Kreise der Natur ohne geistige Impulse? Wir würden vertieren, das „Tier" aus dem Abgrund gewänne die Oberhand.

Natürlich können wir auch ohne eine Landkarte versuchen, Geisterreiche zu entdecken. Die Gefahr, dass wir uns dabei verlaufen, ist aber recht groß.

Nur, eine Landkarte allein, schenkt jedoch noch keine erlebten Erfahrungen. Wir sollten schon versuchen, die darauf beschriebenen Wege zu gehen. Und dies Schritt für Schritt, Stufe um Stufe, Jahr für Jahr. Geduld, Ausdauer, Beharrlichkeit und eine Treue zu den geistigen Wesen und Mächten, die uns begleitend beiseite stehen, darauf kommt es schließlich an, damit wir dereinst unser aller Ziel erreichen: die Vereinigung mit dem göttlichen Weltengrund. Nun aber als eine freie Individualität, als Mensch in einer neu erstehenden Hierarchie, die einmal zur Krone der Schöpfung heranreifen soll.

Dieser Weg ist vorgezeichnet – hier ist er jedoch nur in groben Schritten dargestellt. Ich hoffe trotzdem, dass der hier geschilderte Weg in die Reiche des Grals für den Leser etwas besser zu verstehen und dadurch vielleicht auch leichter zu beschreiten ist. Der Gral enthüllt seine Geheimnisse jedem Sucher, der ehrlich, aufrichtig und in demütiger Weise zu ihm hinstreben will.

Vieles wäre zu diesem Thema noch zu sagen, doch sollte es hier vor allem um einige Anregungen gehen, die dem geneigten Leser Mut machen und dann auch dahin führen sollen, selbst einen Weg zum Gral beschreiten zu wollen.

Nähern wir uns dem Gral, so kann er uns auch entgegenkommen. Nur Geduld, Aufrichtigkeit, Demut, Ausdauer und Treue müssen wir selbst aufbringen, damit der Gral in uns, in unserem Seelenkern, in unserem eigenen Göttlichen wachsen und reifen kann.

In diesem Sinne wünsche ich viel Erfolg und einen reichen Segen aus dem großen Quell des heiligen Gral, der Labsal, Heil und Friede mit sich bringen wird.

Franz Weber   Freiburg, im Herbst und Winter 2024

Informationen zu weiteren Büchern des Autors und zu dessen sonstigen Aktivitäten:
www.perceval-institut.de

Auf youtube:
Sophia-Zentrum
und:
Urania - Weisheiten aus dem Königreich
sind einige Videos, auch zusammen mit meiner Frau entstanden und einzusehen, die den spirituellen Jahreslauf und die christlichen Sakramente begleiten können.

Vielen Dank für das Interesse an unserer Arbeit, verbunden mit dem Wunsch für eine gute, friedliche und segensreiche Zeit.

Folgende Literaturhinweise will ich hier noch erwähnen. Diese Bücher haben mich während der Zeit des Schreibens begleitet und angeregt, daraus eigene Erkenntnisse zu erzielen.

Karlfried Graf Dürkheim: Hara – die Erdmitte des Menschen
Dr. med Mathias Künlen: Freiheit durch Aura-Chirurgie
John Welwood: Vollkommene Liebe
Frank Burdich: Übersinnliche Wahrnehmung
Jeanne Ruland: Das Geheimnis der Rauhnächte